La France peut-elle tenir encore longtemps ?

Agnès Verdier-Molinié

La France peut-elle tenir encore longtemps ?

Albin Michel

À Bernard Zimmern

Introduction

La France surendettée ? Même dans nos pires cauchemars, on ne l'aurait pas imaginé.

En vérité la France ne peut plus tenir très longtemps. C'est maintenant le dernier moment pour sonner l'alerte et éviter le chaos. Pour réussir, encore faut-il se débarrasser du mythe d'un État français supérieur aux autres. Ce n'est que balivernes et les 500 milliards « mis sur la table » sont une illusion.

La vérité ? Nous sommes à sec. Nous vivons à crédit. Plus que partout ailleurs en Europe. En 2020, la France a emprunté 380 milliards (l'État 313 milliards, les collectivités locales 17 milliards et la Sécurité sociale 52 milliards), 1 milliard par jour, 41 millions par heure, 700 000 euros par minute, 11 500 euros par seconde… Et on peut d'ores et déjà dire que ce sera sensiblement identique en 2021 avec plus de 280 milliards empruntés par l'État sur les marchés. Ce quinquennat va nous laisser quelque 700 milliards de dette publique supplémentaires (dont environ

200 pour cause de crise sanitaire). La France est désormais au bord du gouffre.

Nous devons tous collectivement voir les choses en face : la France n'est plus ce qu'elle était et l'État français comme son système de soins, comme sa Sécu, comme ses collectivités ne sont plus des modèles.

« Notre État » n'a rien fait de plus que l'État allemand, il a plutôt fait moins. 160 milliards de mesures d'urgence et de relance en France contre 200 en Allemagne[1]. Pour le plan de relance, les Allemands ont sorti le bazooka : 100 milliards pour recapitaliser les entreprises[2], 50 milliards d'euros pour moderniser leur industrie. Et les fonds sont majoritairement dépensés en 2020. La France quant à elle fait des moulinets de chiffres mais attend en réalité sa part du plan de relance européen tellement les caisses sont vides.

Pourquoi deux méthodes semble-t-il ? En fait, ce ne sont que la méthode de la fourmi et la méthode de la cigale. La fourmi fait attention à chaque euro d'argent public. Ses partenaires la trouvent radine et l'exhortent à dépenser plus. Quand tout va mal et qu'arrive la crise ? Ses partenaires sont jaloux car elle dépense à fond et que son industrie sera encore plus perfor-

---

1. Voir le rapport du sénateur Husson, projet de loi de Finances 2021, t. I.

2. Institut Bruegel, *The Fiscal Response to the Economic Fallout from the Coronavirus*, 24 septembre 2020.

mante demain quand la nôtre sera en grande difficulté.

La cigale-grenouille-France ne peut faire qu'un plan minimal tout en clamant que c'est le plus gros. En faisant du hors-bilan pour que le déficit ne soit pas insoutenable et en se demandant à voix haute comment elle va planquer la dette Covid.

Tout cela car gouvernements, État et administrations n'ont pas fait les réformes nécessaires ces dernières années. Les Allemands ont trois fois plus de lits de réanimation que nous et pourtant nous dépensons plus pour l'hôpital. Nous n'avons pas réformé l'hôpital public et le statut de ses agents ? Nous n'avons pas investi sur des plateaux techniques hospitaliers plus performants et des lits de réanimation ? Cela nous a coûté l'arrêt de notre économie… qui nous vaut une récession bien plus grave.

Le scénario est toujours le même : on ne fait pas les réformes, on dépense sans compter, on garde des déficits abyssaux même en période de croissance, ce qui maintient des impôts très hauts. Quand la crise arrive, on creuse le déficit et la dette à fond.

Une addiction qui va continuer de faire enfler la dette quand les autres pays de la zone euro seront à nouveau en phase de désendettement et voudront fermer les vannes.

En 2022, lors de l'élection présidentielle, lorsque l'alarme des comptes sonnera, viendra le festival des idées les plus folles pour augmenter les impôts.

Avec cette obsession récurrente et destructrice de taxer au maximum les propriétaires, les indépendants, les expatriés, les dirigeants d'entreprise, les successions… ou de faire main basse sur l'épargne des Français. Une vision populo-communiste destructrice.

La fausse bonne idée sera aussi celle de la dette perpétuelle qui reviendrait à enchaîner encore plus les générations futures à notre incurie. Voire pire, celle de ne pas rembourser du tout, ce qui nous plongerait immanquablement dans le chaos, les marchés nous coupant les vivres. Et si la France dévisse, toute la zone euro dévisse avec elle, menaçant son existence même.

Pour l'heure, la dette n'est « pas un problème » uniquement parce que la Banque centrale européenne (BCE) rachète les dettes publiques et donc finance à l'infini nos déficits. Car la BCE ne conduira pas des achats de dettes souveraines pour l'éternité. Nos partenaires européens ne le permettront pas, pas plus que les traités européens que nous avons nous-mêmes signés.

Une note de la Commission européenne de 2013[1] qualifiait le niveau de 120 % de dette par rapport au PIB de « situation d'incertitude significative sur les marchés financiers ». Une crise des dettes souveraines est dans toutes les têtes.

1. « Expected sovereign defaults and fiscal consolidations », *Economic Papers* 479, avril 2013.

Devrions-nous foncer dans le mur de la dette en chantant ?

Une autre voie est possible : désendettement en période de croissance en baissant les dépenses publiques, allongement de la durée du travail, baisse des impôts sur le capital et sur les entreprises pour de la croissance bénéficiant à tous.

Si on ne desserre pas maintenant l'étau de notre enfer fiscal, jamais nous ne pourrons réindustrialiser la France, jamais nous ne récupérerons un taux de chômage décent. Ne nous mentons pas : les 10 milliards de baisse d'impôts de production annoncés pour les entreprises sont totalement insuffisants pour redresser la barre. La pauvreté est au bout du chemin.

La France est piégée par sa dette, la stabilité financière de notre pays est désormais très fragile.

Pour éviter le mur, nous devons tout repenser, y compris l'État, et bâtir un projet commun qui ne soit pas celui de la décroissance et du déclassement de notre pays.

78 % des Français pensent que la France est en déclin[1], ils ont raison. La crise n'est pas derrière nous, elle est devant nous. Il faut faire vite, les vannes ne seront pas toujours ouvertes. Il reste peu de temps. Nous devons maintenant redevenir lucides et nous préparer.

Sauvons l'État malgré lui, c'est urgent.

---

1. « Fractures françaises », vague 8, Ipsos/Sopra Steria pour *Le Monde*, septembre 2020.

PREMIÈRE PARTIE

AUX PORTES DE L'ENFER

1

Le vrai secret : l'Agence France Trésor a notre avenir en main

Du cash frais pour continuer à tourner. 2020 : la méga-salle de shoot pour financer la France injecte 1 milliard par jour. Les Français ont le droit de connaître la vérité. Notre avenir ne tient qu'à un fil : le professionnalisme d'une petite agence de l'État, l'Agence France Trésor. Une quarantaine de personnes dans un « open space ». Des agents sous contrat qui pourraient tout aussi bien bosser pour des banques ou en salle de marchés. Ce sont nos mercenaires de la dette.

Leur agenda est millimétré : 22 fois par an ils placent de la dette à moyen et long terme, on dit dans le jargon les OAT[1].

Pour la dette à 8 ans et plus ? C'est le premier jeudi du mois à 10 h 50. Pour la dette entre 2 et 8 ans ? C'est le troisième jeudi du mois à 10 h 50.

---

1. Les obligations assimilables du Trésor (OAT) sont des titres financiers qui représentent une fraction de la dette à long terme d'un État.

Et pour la dette à court terme de 13, 26 et 52 semaines ? Alors là, c'est le lundi avec paiement le mercredi. On appelle ça les BTF[1]. Leur spécificité est que très vite il faudra les rembourser, mais justement à cause de cela, cela part comme des petits pains. Plus facile à placer que de la dette à long terme...

En ce moment, tout roule, c'est le cas de le dire. À 10 ans, on emprunte à –0,35 %... Évidemment, ce n'est pas le vrai prix du risque de la dette française. Le vrai prix serait plutôt autour de 5 %. Voire plus.

Mais pour refourguer les petits pains de la dette, en mars 2020, cela a été clairement la panique à Bercy. Surtout à l'Agence France Trésor. Tout d'un coup, des organismes publics sociaux qui empruntent directement sur les marchés ont vu toutes leurs possibilités d'emprunt gelées et se sont tournés vers la fameuse Agence France Trésor qui a notamment récupéré une partie de la dette sociale à émettre[2].

Leur façon de parler entre eux est très étrange.

---

1. Les bons du Trésor à taux fixe (BTF) sont des fonds d'État qui constituent l'instrument de la gestion de trésorerie de l'État. La maturité des BTF à l'émission est de moins d'un an.

2. L'AFT abrite les services de marché de la CADES (Caisse d'amortissement de la dette sociale), qui reste cependant séparée d'elle organiquement afin d'apparaître comme porteuse d'une dette (hors charge d'intérêt) privée portée par la Caisse des dépôts et consignations.

Pour dire qu'on continue de placer de la dette française facilement, ils ont cette expression sibylline : « Le marché digère bien nos adjudications. » Ils ? Ce sont les cadors de l'Agence France Trésor qui gèrent les besoins de financement de la France et doivent en permanence rassurer les investisseurs. Ils ajoutent même qu'ils ont l'impression d'être dans une course-poursuite pour trouver de l'argent frais afin de financer chaque jour les nouvelles dépenses et promesses du gouvernement. Jusque-là tout va bien. Mais ils sont les seuls à mesurer les risques énormes que la France est en train de prendre pour notre avenir commun. Leur angoisse ? C'est « si ça ne digérait plus bien ». Les gestionnaires de la dette ne veulent d'ailleurs même pas essayer de placer de la dette française à 70 ou 80 ans comme l'ont fait les Autrichiens. Ils ont trop peur que ça stoppe la digestion… Ils le disent tout net. Tant que la BCE ne dira pas clairement qu'elle va racheter de la dette à très long terme, sur 80 ou sur 100 ans, ils ne tenteront pas de tester l'eau du bain.

Le cygne noir, l'effet papillon, les dominos ? Mieux vaut ne pas leur en parler à propos de la dette française. Ils font tous semblant de penser que le sujet de la dette n'est plus un sujet. Mais ils ont, dans leur for intérieur, une peur panique du moindre événement qui pourrait mettre en péril la mécanique bien huilée. De Bercy en passant par l'Assemblée nationale, le Sénat ou l'Élysée, ils font entendre en chœur que la dette n'est plus un problème. En réalité, tous sont très inquiets de l'augmentation de la dette française. Et nous sommes largement gouvernés par la peur. En témoignent les questions fiévreuses des députés suite à l'audition en commission des finances à l'Assemblée nationale du directeur de l'Agence France Trésor. Est-ce que l'État a assez de trésorerie ? A-t-on du mal à placer la dette française ? Les agences de notation vont-elles dégrader la France comme en 2008 ? À presque 2 650 milliards de dette, c'est normal qu'ils commencent à flipper.

Une montagne de dettes

Le besoin à financer était déjà énorme en 2019, il est désormais gigantesque. 313 milliards d'euros pour 2020 rien que pour l'État. Bercy tente de se rassurer en expliquant que déjà en 2019, la France avait emprunté 194 milliards sur les marchés (245 milliards en incluant les rachats anticipés de dette). En disant aussi que l'on continue à emprunter à taux négatifs. Cela tout en reconnaissant que sans l'action de la Banque centrale européenne, la France aurait été confrontée à un choc massif de taux. En clair, nous n'aurions plus pu financer ni les salaires publics, ni les retraites, ni les soins de santé, ni le chômage…

Devant ces comités parlementaires restreints, le directeur de l'Agence France Trésor explique très bien que si nous voulons sortir de ce risque dans les prochaines années, la seule solution sera de montrer que la France maîtrise l'évolution de sa dette publique et que la trajectoire est descendante et non plus ascendante. Ce qui n'est jamais arrivé depuis l'après-guerre… En 1978, la dette représentait moins de 10 % du PIB, en 2002 moins de 50 %, en 2007, 64,5 % du PIB avant de s'envoler progressivement pour atteindre 98,1 % en 2019 et finalement 120 % en 2020.

Pour l'instant, tout le discours tient sur la maxime de Talleyrand : « Quand je me regarde, je me désole. Quand je me compare, je me console. » Mais si les autres pays de la zone euro redressaient plus vite leurs comptes publics, la France ne pourrait pas continuer à jouer la montre en espérant que les autres seront plus mauvais qu'elle. Avant la crise de 2008, l'État plaçait 90 milliards de dette par an, 180 par an après la crise et maintenant plus de 300 milliards ! Une évolution qui fait froid dans le dos.

Les politiques n'ont visiblement pas tellement envie de regarder les enjeux en face. Ils préfèrent se moquer. Quand le rapporteur général du budget à l'Assemblée, Laurent Saint-Martin, sort son rapport en juin 2020 sur la dette, il fustige en préambule ceux qui évoquent « le spectre de la faillite de l'État » et ne se pose à aucun moment la question de combien d'années la France va pouvoir continuer à emprunter entre 250 et

300 milliards d'euros par an et quelle est la stratégie de désendettement à mener !

Pourtant, Anthony Requin, le directeur de l'Agence France Trésor, qui est autrement plus lucide, le dit bien : « Si on ne reprend pas à un horizon prévisible le contrôle de la trajectoire de nos finances publiques, la mansuétude des agences de notation pourrait ne pas durer éternellement[1]. » C'est exprimé de manière courtoise mais on comprend que nous voguons sur le *Titanic.* Pour bien faire, il faudrait secouer les élus en leur expliquant que plus rien n'est sous contrôle et qu'un des objectifs majeurs du Parlement doit être, comme dans les pays bien notés par les agences de notation, de baisser le plus vite possible la dette. Las, le gouvernement le dit clairement, il ne compte pas pour l'instant faire baisser la dette avant 2025… C'est beaucoup trop tard.

La France fait désormais partie des maillons faibles

Dans la crise de la dette de 2011, la Grèce risquait d'entraîner l'Italie et l'Espagne si elle faisait défaut. Aujourd'hui, une situation similaire entraînerait non seulement l'Italie et l'Espagne mais aussi la France. Les masques sont tombés.

1. *Le Point*, n° 2489, 7 mai 2020.

La France fait clairement aussi partie des maillons faibles. Qu'on le veuille ou non.

Préférer la dette à la faillite et l'assumer pleinement, c'est ce que le gouvernement a annoncé faire pendant la crise du coronavirus. Le ministre de l'Action et des Comptes publics, Gérald Darmanin, avait même ajouté : « Il n'y a pas de plafond » (21 avril 2020, France Inter). Pas de limite à la dette donc. Cela a été entendu sur tous les bancs de l'Assemblée. Et Bruno Le Maire, le ministre de l'Économie, va un cran plus loin : « La dette, c'est de l'investissement[1]. » Et d'ajouter : « La question aujourd'hui c'est de dépenser. Et de dépenser vite. » On dirait qu'il vient de se faire remonter les bretelles pour que le plan de relance soit activé rapidement...

Pas de limite à la dette ni au-delà – et c'est encore plus grave – à la fuite en avant qui nous menace. Nombre de commentateurs ont parlé alors de dette perpétuelle ou émis la proposition de ne jamais rembourser. Certains ont ajouté leur grain de sel en expliquant doctement comme Philippe Martin, patron du Conseil d'analyse économique : « Un État ne rembourse pas sa dette, il la refinance ! »

Tout cela tend à faire croire que le remboursement est en option et incite des Insoumis tout dévoués à Mélenchon à faire des propositions des plus loufoques. Ils proposent, dans une résolution à l'Assemblée, que toutes les dettes des États

1. Club de l'économie, *Le Monde,* jeudi 1er octobre 2020.

de la zone euro soient rachetées par la BCE puis non remboursées, pas moins !

Ce sujet va faire florès d'ici à 2022 et nombre de partis politiques vont aller dans le même sens. Ils ont déjà commencé. Yannick Jadot et Éric Piolle d'EELV mais aussi Thomas Piketty ou Bernard Thibault ont cosigné une tribune en mai 2020 dans *L'Obs*[1] demandant de « restructurer [la dette], y compris celle héritée de crises successives ». Restructurer veut dire ici annuler. Nous sommes en pleine démagogie. Les mêmes veulent dépenser plus, rétablir l'ISF et créer « une contribution anticrise des citoyens les plus aisés ».

Si jamais par malheur les Français les suivaient, nous aurions non seulement la dette mais encore le chaos. Car tout repose sur la confiance des investisseurs étrangers (et français) en la France. Ce sont eux qui nous permettent de nous financer au jour le jour. Sans eux ? Plus de versement des retraites, plus de financement des salaires des agents publics, plus de versement des prestations sociales, etc. Les prélèvements obligatoires que nous finançons (995 milliards d'euros en 2020, un record mondial) ne nous permettent pas de faire tourner le pays. Or, s'ils comprennent qu'il y a un risque que leur droit de propriété ne soit pas respecté et que la France ne rembourse pas à échéance, ils ne prêteront plus et nous aurons la faillite au bout du chemin. Mais il y aurait

1. « Au cœur de la crise, construisons l'avenir ».

pire, les SVT (spécialistes en valeur du Trésor), qui sont généralement de grandes banques nationales, détiennent eux aussi de la dette nationale (même s'ils la revendent en partie au marché secondaire à la BCE). Or Standard & Poor's le 21 septembre 2020[1] tire la sonnette d'alarme sur le taux de détention de dette publique de certains pays européens (surtout à l'Est et au Sud) par leurs propres banques commerciales. Si une incertitude sur le remboursement de la dette publique venait à survenir, il faudrait aussi renflouer comme en 2009 le secteur bancaire… la crise devenant alors économique mais aussi financière. De quoi faire réfléchir avant de jouer aux apprentis sorciers.

Le défaut d'un pays le prive pour plusieurs années de l'accès au financement par les marchés. L'État doit alors couper immédiatement dans ses dépenses pour équilibrer son budget et/ou augmenter les impôts, en enclenchant une spirale récessive. Le défaut prive aussi les résidents détenteurs de la dette de l'État de leur propriété (détenue dans les assurances vie des Français par exemple).

Le parti grec Syriza voulait annuler la dette grecque, ils ont vite compris que ce n'était pas crédible, comme le dit bien Yánis Varoufakis,

1. « Standard & Poor's alerte sur le risque d'une spirale de la dette en Europe », L'Opinion, 21 septembre 2020 ; ainsi que Reuters, https://www.reuters.com/article/us-europe-banks-sovereigndebt-idUSKCN26C15A.

le ministre de l'Économie de l'époque : « Les représentants que je devais rencontrer faisaient semblant de s'attendre à ce que je leur demande d'effacer la dette, ce qui était politiquement inimaginable[1]. » Les banques ont accepté des échanges de dettes, l'Europe a permis d'augmenter la durée de remboursement et de faire baisser les taux mais il n'y a eu aucune annulation de dette qui aurait voulu dire défaut de la Grèce et catastrophe pour tous. La Grèce a ensuite mis 7 ans pour pouvoir emprunter à nouveau sur les marchés.

Attention donc au simplisme et au populisme dont font preuve ceux qui réclament de ne pas rembourser la dette. Les agences de notation pourraient les prendre au mot et dégrader encore la France. Celle-ci n'est déjà plus que AA. L'Allemagne, les Pays-Bas, l'Autriche, le Luxembourg sont toujours classés AAA.

Les enjeux de la dette

L'État gagne de l'argent en empruntant : le 8 juin 2020 par exemple, l'émission d'un emprunt de 1,6 milliard d'euros à 12 mois s'est réalisée à un taux de –0,488 %[2]. Pourquoi, dans ces condi-

1. Yanis Varoufakis, *Conversations entre adultes. Dans les coulisses secrètes de l'Europe*, Les Liens qui libèrent, 2017.
2. Guillaume Benoit, « Coronavirus, le programme d'émission de dette de la France s'envole », *Les Échos*, 10 juin 2020.

tions, s'interroger sur les dangers que nous fait courir la dette publique française ?

Parce que, avec l'accumulation des déficits dans un contexte de non-réduction de nos dépenses publiques, le montant de la dette à refinancer chaque année n'arrête pas d'augmenter, et il faudra soit la rembourser… soit la refinancer.

Pour comprendre ces enjeux souvent cachés, il faut un peu plonger dans les chiffres et identifier que, chaque année, la France emprunte le montant de son déficit public, cela va de soi, mais aussi le montant des emprunts qui arrivent à échéance et qu'il faut faire, comme cela se dit de manière imagée, « rouler ». En 2021, il faudra rouler 141 milliards d'euros de dette et, en 2022, 170 milliards d'euros.

Depuis 1995, nous avons déjà dépensé plus de 1 300 milliards en intérêts cumulés de la dette !

Gérer la dette, c'est comme jouer à Tetris. C'est aligner des petits bâtons les uns derrière les autres de la manière la plus homogène possible et… gagner du temps avant la tempête en conservant le plus longtemps possible des taux à zéro ou négatifs.

Or, la dette française présente des vulnérabilités qui lui sont propres. 12 % de la dette négociable de l'État, soit 226 milliards avant la crise sanitaire, sont indexés sur l'inflation. En cas de normalisation progressive de la politique monétaire de la BCE, la charge de la dette pourrait augmenter significativement.

En outre, la détention officielle par des non-résidents de la dette française est de 55 %, mais elle est fausse. Elle est en réalité de 70 % si l'on neutralise ce que détient la BCE. Nous avons par exemple plus de dette française détenue par des banques ou des banques centrales en Asie (6,9 %) que par des banques françaises (6,7 % de la dette) et plus de dettes détenues par des banques et assurances dans la zone euro hors France qu'en France (28,5 % contre 26,2 %)... Notre dépendance aux marchés financiers est donc très forte (beaucoup plus forte que celle des Japonais qui détiennent leur propre dette à 90 % ou celle des Américains qui en possèdent les deux tiers) et même s'il semble que les non-résidents détenteurs de la dette française soient beaucoup de banques centrales étrangères, cela ne change pas grand-chose. Notons au passage que les banques centrales étrangères possèdent, avec 23 % selon les statistiques du FMI, plus de dette française que la BCE. Et pour les Russes, Chinois, Japonais... ? On n'a malheureusement pas de détails supplémentaires sur leur localisation géographique, et puisque la transparence règne, toutes les statistiques en la matière ont été stoppées en 2015. Pourtant l'information est stratégique si une guerre des changes survenait... Gare à la « japonisation » de notre économie : de la dette, pas de croissance, le déclin au bout du chemin car les taux négatifs ne boostent pas la croissance et l'investissement productif, au contraire, comme le disait le gouverneur de la Banque de France : « La zone euro particulièrement connaît, depuis la crise financière, à la fois une hausse du taux d'épargne et une faiblesse prononcée du taux d'investissement[1]. »

Côté logique patrimoniale, nous sommes aussi aux abois : pendant des années, les chantres de la dette ont objecté que la France n'était pas si endettée que cela car le patrimoine net de l'État était largement positif entre passif (dont les dettes) et actif (à défaut d'être liquide... ce qui peut être vendu ou servir de garantie). Cela n'est plus du tout le cas. Même en comptant Chambord et Versailles (merci à François Ier et à Louis XIV), le bilan est maintenant à peine positif. La France n'a plus aucune marge de manœuvre.

L'Agence France Trésor aura beau faire des miracles avec l'argent gratuit et son boulot de lissage des dettes dans le temps pour que les refinancements dans les prochaines années ne soient pas trop importants, elle n'a pas de baguette magique. Elle ne pourra pas jouer éternellement ce jeu relevant de plus en plus de la course-poursuite. Nous ne pourrons pas continuer à fermer les yeux sur la dangerosité de la situation qui peut exploser d'un jour à l'autre alors

1. « Les taux bas : quelles causes et quels effets pour la France ? », discours de François Villeroy de Galhau, université Paris-Dauphine, janvier 2020.

que nous aurons encore des besoins de financement gigantesques dans les années qui viennent. « C'est comme si on avait une bombe nucléaire et tant qu'elle n'explose pas tout va bien », dit en off un économiste renommé. Tout repose sur la confiance qu'inspirent les pays de la zone euro, et bien sûr la France, sur les marchés. Cela ne peut plus durer, l'État et ses gestionnaires doivent montrer le chemin du désendettement organisé, si l'on veut éviter le pire.

2

BCE, la fuite en avant

Que ferez-vous si une méga-crise survient ? À cette question inquiète face à des finances publiques françaises toujours très dégradées, la réponse de ce proche du président Macron avait fusé en 2019 : « C'est pour ça qu'on a mis Christine Lagarde à la BCE, elle fera marcher la planche à billets. » Soigner le mal par le mal. Faire de la dette en plus pour générer de la croissance et arriver à payer la dette… C'est la fuite en avant des banques centrales souhaitée par les marchés et par les politiques et la mise entre parenthèses de tous les critères de bonne gestion européens.

La BCE est censée être indépendante mais elle ne l'est pas, c'est un mythe. Même si elle voulait rester dans une politique monétaire prudente, la pression des politiques peut être terrible. Et ses prises de décisions sont particulièrement opaques. Quels sont les votes des gouverneurs ? Qui est pour, qui est contre ? Mystère. Alors qu'à la banque centrale américaine, la Fed, on connaît les noms des votants, à la BCE, les décisions nous sont servies sans la moindre explication. Tout le monde se met d'accord pour que ce soit le plus opaque possible.

On dirait bien qu'à ce stade, les tenants de la nouvelle théorie en vogue, la TMM (théorie monétaire moderne), ont déjà gagné. Celle-ci exclut la possibilité que les États qui créent leur propre devise puissent faire faillite. L'État n'étant jamais financièrement contraint, sa capacité de dépenser serait illimitée. Mais cette théorie, qui n'est autre qu'une nouvelle appellation pour « faire marcher la planche à billets », ne tient que si l'inflation ne repart pas à la hausse. L'effet boomerang pourrait être une inflation incontrôlée selon l'adage qui veut que « l'inflation soit comme le dentifrice, une fois sorti du tube, on peut difficilement l'y faire retourner ».

En 2019, Christine Lagarde, la directrice générale du FMI, exprimait également ses réserves en indiquant que « la TMM n'est pas la panacée » car il y a forcément quelqu'un qui paie. Pire, certains anciens du FMI et des banques centrales pensent que cette approche est extrêmement dangereuse. Elle plaît aux politiques car elle promeut l'argent facile mais elle pourrait se révéler désastreuse.

Certains pensent naïvement que faire sauter tous les verrous budgétaires affaiblit les extrêmes. En arrosant l'Italie ? On éviterait le retour de Salvini. En arrosant la France ? On empêcherait Marine Le Pen ou la France insoumise d'arriver au pouvoir… Rien n'est moins sûr car la fuite en avant peut aussi avoir son cortège d'effets pervers. Des masses de liquidités gratuites ? Quelle aubaine ! Pourquoi faire des efforts ? C'est le passeport pour la mauvaise dette : la dette qui finance les dépenses de fonctionnement. La dette qui crée des bulles sur les actifs, l'immobilier, les actions, les obligations…

On dirait que toutes les boussoles sont déréglées. Cette mauvaise dette, comme la mauvaise graisse, est particulièrement tenace en France. Depuis 1995, nous nous sommes endettés pour plus de 900 milliards pour financer le fonctionnement public. Et seulement de 700 milliards pour l'investissement ! La France est donc clairement devenue obèse.

Le bilan de la BCE qui gonfle, qui gonfle

2 743 milliards (en juillet 2020) de dettes souveraines ont été rachetés depuis la précédente crise par la Banque centrale européenne et figurent à son bilan. 600 milliards d'euros de plus depuis mars 2020… Avec la crise du coronavirus, la BCE a dégainé un programme d'urgence de 1 350 milliards d'euros à travers le rachat de dettes publique et privée. La BCE ne peut pas racheter en direct, alors elle rachète aux investisseurs du marché. Elle fait marcher la confiance. Comme disait Keynes, tant que la confiance est là, l'action d'une banque centrale est sans limite… Jusqu'à ce que les marchés identifient un maillon faible, lui ferment l'ac-

cès aux liquidités et enclenchent ainsi la spirale infernale sans qu'on l'ait vue arriver.

Les économistes continuent d'appeler à dépenser plus d'argent public et à ignorer le poids de la dette. À commencer par l'Amiénois Olivier Blanchard, ancien économiste en chef du FMI, nommé corapporteur d'une commission pour penser l'économie mondiale post-épidémie par le président Macron. C'est le même économiste qui publiait un article dans lequel il indiquait que « l'état de la macro *est* bon » en 2008, juste avant la crise... Un économiste n'est pas un devin, mais quand même... Il nous dit maintenant, en 2020, que la dette n'est « pas un gros problème » [*sic* !].

La Grèce aura atteint fin 2020 les 200 % de dette, l'Italie plus de 160 % et la France plus de 120 %. Tandis que les Pays-Bas ou l'Allemagne seront entre 70 et 80 % de dette par rapport au PIB. Si jamais les acteurs du marché venaient à douter de la capacité de la BCE à garder les taux d'intérêt sous contrôle en dépit des mesures de rachat, alors pourrait surgir une crise terrible.

Il est pourtant évident que les rachats de dette par la Banque centrale visent à anesthésier coûte que coûte les marchés en les rassurant sur le fait qu'ils pourront vendre ensuite leurs obligations d'État à la Banque centrale.

Mais, officiellement, le déni est de mise. Personne n'a le droit de prononcer les mots de « crise de la dette ». Pourtant, toutes les décisions prises par la BCE et la Commission européenne visent un objectif, empêcher un éclatement de la zone euro. Tout le monde le sait mais personne n'en parle de peur de ce qu'ils appellent les « prophéties autoréalisatrices ».

Nuit de folie

Et pour cause. On y est. Au bord de la faillite. Tout a basculé dans la nuit du 18 au 19 mars 2020. L'urgence est cette nuit-là de calmer l'envolée des taux italiens qui grimpent de manière alarmante après que la présidente de la BCE, Christine Lagarde, a dit malencontreusement que « la Banque centrale n'avait pas pour rôle de réduire les spreads [les écarts entre les taux d'emprunt des différents États européens, NDLR] », laissant penser à ceux qui l'écoutaient, c'est-à-dire nos clients investisseurs en obligations souveraines, que l'institution de Francfort n'était pas prête à tout pour éviter une nouvelle crise de la dette dans la zone euro.

Une conférence téléphonique non prévue du Conseil des gouverneurs des banques centrales des pays membres a décidé, un peu avant minuit, que la Banque centrale européenne pourrait acheter pour 750 milliards de dettes publiques. Un programme baptisé « programme d'achats d'urgence pandémique » (ou PEPP).

Finalement, annoncée en urgence dans la nuit, l'intervention de la BCE a réussi à stopper l'augmentation de l'écart entre les taux italien et allemand. Évitant ainsi, selon le ministre Bruno Le Maire, « une fragmentation de la zone euro ».

Toutes les mesures prises ces derniers mois – le montant a encore augmenté en juin 2020 de 600 milliards avec une autre décision du Conseil, soit en tout 1 350 milliards de rachat de dette possible – ont pour vocation d'éviter qu'une banqueroute italienne ne vienne entraîner la faillite de la zone euro. Derrière la façade lisse qui veut donner l'impression que l'on maîtrise le cours de l'histoire, c'est l'angoisse qui domine et le court terme qui dicte sa loi.

Le spectre de la dette italienne

L'Italie est un exemple par excellence de politique budgétaire dispendieuse et irresponsable, qui fait croître la dette en période de croissance : celle-ci franchit les 100 % en 1992 pour monter même à 119 % en 1995-1996. Elle sera contenue progressivement ensuite grâce à la mise en place de mesures drastiques d'ajustement budgétaire autorisant une lente inflexion jusqu'en 2007 (104 % du PIB). Ensuite les chocs de la crise financière de 2009 puis des dettes souveraines (2011-2012) portent la dette italienne à des sommets (135,4 % en 2015) dont le pays ne redescendra pas à l'orée de la crise économique liée au confinement sanitaire en février 2020.

Partant d'une dette publique inférieure à 40 %

au début des années 1970, l'endettement italien n'a cessé de croître. La Commission européenne estime que celui-ci atteindra les 158,9 % du PIB en 2020. Or nous sommes en France un peu sur le chemin italien avec 30 ans de retard. Si nous voulons un avenir commun qui ne soit pas celui d'une richesse nationale en berne et d'un chômage de masse, dépendant des largesses européennes et d'une union de transfert de fait plus que de droit, les exemples que nous devons suivre sont au Nord et non au Sud.

Le pire a été évité pour l'heure mais les fragilités sont là. Et quand les taux de l'Italie montent, l'Espagne et la France montent aussi derrière, comme on l'a vu en mars 2020.

Des rachats massifs sans limite

C'est pour cela que la BCE s'est autorisée à dépasser toutes ses limites, notamment celle de ne pas détenir plus de 33 % de la dette d'un pays ainsi que de ne plus proportionner les achats de titres souverains à la clé de répartition de chaque banque centrale au capital de la BCE. « À période extraordinaire, action extraordinaire, a déclaré la présidente de la BCE, Christine Lagarde. Il n'y a pas de limite à notre soutien à l'euro. »

Jusqu'à présent, la BCE avait un mandat officiel : assurer une politique monétaire qui maintienne l'inflation autour de 2 %. Mais depuis le début de l'année la BCE suit maintenant de facto un objectif qui est le refinancement des États membres. Résultat ? Pas d'inflation (0,1 % d'inflation en zone euro en 2019). Cette politique à double objectif (inflation à 2 % plus racheter les dettes des États membres) met en danger la zone euro.

C'est dans ce contexte tendu que la Cour constitutionnelle fédérale de Karlsruhe a rendu le 5 mai 2020 un arrêt particulièrement cinglant enjoignant à la BCE de justifier la proportionnalité de son programme de rachat d'actifs datant de la crise de 2008-2011 (PSPP). En gros, les juges allemands considèrent que la BCE outrepasse son mandat en rachetant des dettes publiques notamment. Cette décision historique laisse penser que ces hauts magistrats sont prêts à enjoindre la Banque fédérale d'Allemagne de ne plus participer aux rachats de dettes souveraines, voire à vendre ses stocks !

Il faut dire que la BCE (via les banques centrales des pays membres) détient déjà 2 600 milliards d'euros de dettes dont 2 200 milliards de dettes publiques acquises dans le cadre du précédent *quantitative easing*[1]. Dont environ, à fin septembre 2020, 568 milliards d'euros de

1. Les banques centrales peuvent faire varier la quantité de monnaie en circulation dans l'économie en utilisant des moyens « non conventionnels ». Le *quantitative easing* est l'un de ces outils, par lequel elles achètent massivement des actifs aux banques et aux institutionnels, notamment des dettes publiques et d'entreprises.

dette française, 506 milliards de dette italienne, 114 milliards de dette des Pays-Bas et 669 milliards de dette allemande.

Rien que pour la France, toujours à fin septembre 2020, ce sont plus de 84 milliards d'euros de dette supplémentaire qui ont été rachetés sur le marché secondaire par la Banque de France pour le compte de la Banque centrale.

D'où le cheminement vers l'endettement européen. Les juges de la cour de Karlsruhe avec leurs questions légitimes sur l'étendue des pouvoirs de la BCE ont précipité le plan d'intervention européen, un pas de plus vers le « fédéralisme budgétaire » (union de transfert) et une dette « européenne », qui va bien entendu s'ajouter aux autres engagements !

Une nouvelle couche de dette

Cette irruption des juges pousse l'Allemagne à sauter le pas et à sortir du statu quo. Elle assume alors une démarche « solidaire » et propose avec la France un plan de 500 milliards d'euros qui seront émis par un fonds de dotation sur les marchés, un fonds européen dont les produits seront réaffectés sous la forme de subventions en direction des pays les plus touchés qu'ils n'auront pas à rembourser. Cette proposition suscite l'opposition immédiate et ferme des quatre pays dits frugaux (Hollande,

Autriche, Suède et Danemark), le 26 mai[1], qui craignent une augmentation du budget européen qui ne soit finalement pérenne. Mais ils finiront par plier devant l'exigence, façon rouleau compresseur, d'arroser pour que la consommation du Sud tienne (débouché naturel des entreprises du Nord). La réalité, bien masquée par une excellente communication – pour une fois ! –, c'est qu'on passe subrepticement à un schéma d'une sorte d'Union soviétique néo-libérale où les pays du Nord bien gérés et intègres paient pour des pays du Sud dépensiers et corporatistes, donc dans un fédéralisme budgétaire de fait.

On ne sait pas si c'est une réussite historique ou une erreur historique mais on sait qu'on a passé un cap. L'Union européenne emprunte désormais en son nom propre ! Ce cap, on l'a passé uniquement pour rassurer les marchés financiers et non pas pour l'emploi. On rajoute simplement une couche de dette car l'Union (merci les pays du Nord !) est notée AAA par les agences de notation… Encore une fois, on se met collectivement sans vergogne sous le parapluie des bons gestionnaires tout en les agonisant de divers sobriquets : « radins », « sans vision » et autres amabilités.

L'accord a été trouvé après quatre jours de négociations à la mi-juillet 2020. Résultat : 750 milliards d'euros d'emprunt européen dont

1. *Non-Paper EU support for efficient and sustainable Covid-19 recovery.*

390 milliards de subventions aux États et 360 milliards de prêts remboursables. La France récupérera 40 milliards de subventions, mais rien n'est gratuit : notre pays a la responsabilité de rembourser à terme 67 milliards qu'il faudra bien que nous payions si les impôts européens ne rapportaient pas suffisamment, et la France devra payer plus cher tous les ans sa participation à l'Union ; plus de 3 milliards de plus par an. D'ici 2058, entre la crise et le Brexit, la France aura payé potentiellement 200 milliards de plus à l'Union. Avec un certain machiavélisme, le règlement de la facture des emprunts européens est habilement reporté par Bruxelles à 2028, soit après le prochain quinquennat, après le budget européen 2021-2027 et quand les dettes de moyen terme que nous levons en ce moment sur les marchés commenceront à arriver à échéance. Faut-il aussi ajouter après l'élection présidentielle de 2022 ? Certainement un heureux hasard !

C'est la première fois que l'Europe émet de la dette et cela ne va pas manquer de nous créer aussi une couche d'impôts supplémentaire, car la taxe carbone aux frontières qui pourrait rapporter entre 4 et 14 milliards est loin d'être suffisante pour financer 750 milliards… Un endettement qui pourrait à terme enclencher le divorce entre les pays du Nord et ceux du Sud. Tout cela à cause du laxisme des pays du Sud, largement passagers clandestins du nouvel Empire, faute de réformes structurelles suffisantes.

Cette politique constitue un poison lent pour les États qui s'endettent et qui imaginent pouvoir le faire à perpétuité et sans efforts.

La fin de partie arrivera cependant quand la crise sera un peu derrière nous, que les entreprises auront amélioré leur situation financière et que les épargnants des pays du nord de l'Europe et leurs fonds de pension seront lassés des taux négatifs servis par la politique ultra-accommodante de la Banque centrale. À force de vouloir calmer les marchés sans faire d'efforts de gestion, on referme le piège de la dette. Plus dure sera la chute si une nouvelle crise surgit, quelle qu'elle soit (Brexit, krach sur les marchés surévalués, bulle immobilière, augmentation des prix des matières premières, tensions géopolitiques, guerre des changes...). Les Britanniques, avec un parfait cynisme, font d'ailleurs tout pour que leur sortie de l'Union se termine en pugilat. Dans le meilleur des cas, ils ne paieront pas les 40 à 50 milliards qu'ils doivent à leurs ex-partenaires européens et s'ils pouvaient, en plus, mettre à mal l'UE et la zone euro, cela ne leur déplairait pas...

L'ancien président de la BCE, Jean-Claude Trichet, le dit, avec une lucidité qui a de quoi inquiéter : « La quasi-totalité des États va se retrouver dans une situation plus difficile : la dette aura beaucoup augmenté, et le niveau du PIB sera inférieur à ce qui était attendu. Certaines solutions suggérées sont catastrophiques : soit une inflation très élevée, galopante, qui diminuerait le poids de la dette mais frapperait durement les ménages et les plus démunis ; soit le dépôt de bilan des États. J'ai vu, en tant que président du Club de Paris, combien cette dernière solution était traumatisante en Amérique latine. J'espère ardemment que nous éviterons ces écueils et que le coût budgétaire de la crise sera progressivement absorbé par la combinaison d'une gestion des finances publiques sage et prudente, d'une inflation stable[1]. »

Mais il va vite s'avérer irréaliste de vouloir tout concilier : taux d'intérêt à zéro, inflation à 2 %, un euro pas trop fort par rapport au dollar, une Europe qui s'endette sans créer de nouveaux impôts… Entre la peur de la crise des dettes souveraines et la volonté de redonner un espoir à nos épargnants et à nos entreprises, il va falloir choisir. La BCE et la Commission ne doivent pas contribuer par leurs politiques à l'envol des dettes de la zone euro (et de la France). La BCE n'a pas de baguette magique, disait Mario Draghi. « Peut-on penser que l'émission illimitée de titres souverains ne butera jamais sur le questionnement des marchés quant à la solvabilité des États ? Certains l'affirment. Mais qui les croira ? » écrit avec beaucoup de justesse Jacques de Larosière, ancien gouverneur de la Banque de France, ancien directeur général du FMI et président de l'Agence France Trésor.

1. *Le Point*, 2 avril 2020.

Dormez bien, les petits

Qui que vous interrogiez, à ce stade, à la BCE, à la Commission, au Parlement européen, personne ne sait qui va payer. De manière sibylline on dit dans les instances européennes que la dette Covid sera traitée « à part ». Où ça ? Mystère. D'ici là, tous les parlements de l'Union doivent ratifier l'emprunt européen. Cela peut prendre un an ou un an et demi, d'autant plus que la Pologne et la Hongrie bloquent. Combien de centaines de milliards de dette française peuvent encore être rachetés d'ici à juin 2021 ? 190 milliards environ… Et après ?

La France pousse à fond pour faire exploser les règles budgétaires par la voix de Clément Beaune, secrétaire d'État chargé des Affaires européennes : « On ne peut pas imaginer remettre en place le même pacte » de stabilité et de croissance qui fixe les règles budgétaires. L'Allemagne, elle, défend une autre ligne… avec l'idée d'un retour à l'équilibre budgétaire en 2024. Si la France pousse si fort, c'est que le gouvernement ne compte pas faire l'effort de revenir à l'équilibre. Il maquille cela derrière le besoin d'« investir ». Mais qui est dupe ? Dès lors, qui peut corriger cette terrifiante course aux abymes ? La BCE ? La Commission européenne ? Mme Merkel ? Qui ?

3

Les Français ont peur… de leur gouvernement

28 % : voilà un chiffre qui fâche. C'est le taux d'épargne des Français qui a explosé avec les confinements et le manque de confiance en l'avenir dans presque tous les domaines. Le plus haut taux d'épargne observé en France depuis 1950 et un chiffre à comparer à la moyenne de 14,5 % depuis 1995. En tout, les Français auront accumulé 100 milliards d'épargne en plus sur un an. Du jamais-vu. Les livrets A ont enregistré 25 milliards d'euros de collecte en sus. Plus la dette française monte, plus on comprend collectivement que nul ne sait où on va, plus les Français épargnent. Et ça va continuer. Car chacun a peur de l'avenir et anticipe une hausse… des impôts.

Pourquoi c'est important ? Car il faudra bien que quelqu'un paye la note de la crise de la Covid… Et les Français ont un patrimoine évalué à plus de 11 000 milliards d'euros dont environ la moitié d'actifs financiers avec presque 1 800 milliards en assurances vie. Lesquelles assurances vie sont très largement composées d'obligations d'État pour plus de 320 milliards d'euros placés en dette française. Et ça, le gouvernement le sait fort bien et, tout en appelant les ménages français à financer les entreprises, il ne rogne qu'à la marge les avantages fiscaux de l'assurance vie pour continuer à se tailler la part du lion dans l'épargne de nos concitoyens. Les assureurs et les banques doivent d'ailleurs, pour respecter la réglementation qui les encadre depuis la crise de 2008… acheter de la dette publique pour la mettre dans leurs comptes ! Et la boucle est bouclée…

Qui n'a pas entendu son banquier lui dire : « Comment, vous n'avez pas encore d'assurance vie ? La fiscalité est avantageuse. Allez-y. Ouvrez au moins pour la date fiscale. Les fonds en euros sont garantis. Ils ne peuvent pas perdre de la valeur. » Beaucoup de lois et de réglementations internationales ont servi à absorber de la dette publique ces dernières années : l'assurance vie en France avec sa fiscalité attractive (pas de taxation au-dessous de 152 000 euros pour les successions) ou Bâle III, avec ses contraintes qui poussent à détenir des obligations d'État, conçu dès l'origine pour tordre le bras des investisseurs institutionnels.

Sauf que…

Quand la crise financière survient, le risque est de voir tous les épargnants venir retirer leurs bas de laine en même temps, le fameux « *bank run* ». À Bercy, on pense à ce risque depuis longtemps. L'assurance vie présentée de longue date comme le placement idéal et placement préféré des Français pourrait se révéler à terme comme le placement piégeux par excellence.

Ça sent le sapin

Imaginez un peu que les épargnants français souhaitent tout à coup massivement récupérer leur épargne… C'est le cauchemar qu'ont fait les technos de Bercy et qui a abouti à ce qu'en plein été 2016, par un amendement à la loi dénommée Sapin 2, l'État se crée une possibilité de blocage des fonds sur votre assurance vie en fonds euros. Le texte est clair : l'État peut « suspendre ou restreindre temporairement » les retraits ou limiter les rachats ainsi que la distribution « des intérêts prévus » !

On croit que la France n'a jamais fait faillite ? Rappelons-nous. 1797, les républicains, après le coup d'État du 18 fructidor, prennent le pouvoir. Ils créent, entre autres, l'impôt sur les portes et fenêtres. Ils ferment le marché des titres publics et font voter une loi annulant deux tiers de la dette publique, la fameuse « banqueroute des deux tiers ». Il faudra attendre presque vingt ans, sous la Restauration, pour de nouveau lever un grand emprunt.

À partir de quel taux d'intérêt de la dette à 10 ans les Français sentiraient-ils venir le vent de la banqueroute ? Pas besoin d'aller chercher bien loin les simulations. Tous les ans, avec le projet de loi de finances, est publié par Bercy un rapport sur les perspectives économiques et les finances publiques. Avec 1 point de taux en plus, on va vers 10 milliards de plus de coût de la dette en 3 ans et 20 milliards en 8 ans. Avec trois points de plus, si on empruntait à un taux de 3 %, ce serait 30 milliards de plus en 3 ans. La charge de la dette serait alors proche de 70 milliards d'euros par an, plus que le budget de l'Éducation nationale. Infinançable. Tout simplement.

Aujourd'hui donc, par simple décision administrative du Haut Conseil de stabilité financière auquel siège le ministre des Finances, l'État pourrait bloquer les fonds d'assurance vie et ne pas payer d'intérêts sur ses obligations pour éviter la faillite. Et, même si cette disposition est prévue seulement pour une durée limitée de 3 mois, rien n'interdit de la prolonger autant que nécessaire… dans l'intérêt de l'État.

Ce qui fait l'attrait de l'assurance vie, sa liquidité, le fait que l'on peut retirer quand on veut les fonds pourrait se révéler tout à fait impossible… L'assurance vie n'a donc plus de capital garanti que le nom puisque le gouvernement pourra limiter de façon autoritaire les taux proposés aux souscripteurs. Par ailleurs, il faut savoir que le Fonds de garantie des dépôts en France totalise 2,7 milliards pour 1 800 milliards de dépôts éligibles… Soit un sacré écart.

En clair, il sera possible à l'État, si la crise financière s'annonce, de bloquer la liquidation des contrats au-dessus d'une limite de 70 000 euros. Et des idées dans ce style, nos dirigeants n'en manquent pas. Dernière en date, une forme d'emprunt forcé : mettre la main sur l'épargne supplémentaire déposée sur les livrets d'épargne réglementée (livret A, LDD, LEP), soit près de 30 milliards depuis le début de la crise. L'État en a modifié discrètement les conditions d'utilisation, les épargnants vont se retrouver à financer une partie des prêts consentis dans le cadre du plan de relance de 100 milliards par la Caisse des dépôts et consignations (soit près de 26,2 milliards d'euros[1]). Un grand emprunt national qui ne dit pas son nom, moins cher et à la barbe des petits porteurs français qui n'auront pas leur mot à dire sur l'emploi de leurs fonds…

Taxer l'épargne partout où elle se cache

La dernière idée en date vient du député centriste appartenant à la majorité, Patrick Mignola,

---

1. La Caisse devrait financer le plan de relance à hauteur de 26,2 milliards d'euros en fonds propres, mais les fonds d'épargne réglementés drainés vers la Caisse (seule la collecte a été ouverte à la concurrence) et « mobilisés » remplaceront les crédits dépensés par la Caisse en fonds propres. C'est un mécanisme de vases communicants.

qui propose de taxer la fortune qu'il appelle « improductive ». Il pense avant tout à l'assurance vie – toujours elle ! – et à ses 1 800 milliards (belle façon de qualifier au passage l'utilité de la dette publique). Après avoir incité les Français à mettre leur épargne dans ce secteur, le député propose de faire comme avec le diesel… une taxe.

Un amendement a déjà été déposé au printemps 2020 pour prélever 0,5 % sur les contrats d'assurance vie de plus de 30 000 euros afin de récupérer 9 milliards. Rappelons la proposition du FMI qui date de 2013 d'une taxe de 10 % pour les ménages disposant d'une épargne nette positive… afin de réduire la dette des États européens. « Les taux de taxation nécessaires pour ramener les ratios de dette (par rapport au PIB) à leur niveau de la fin 2007 nécessiteraient une imposition d'environ 10 % sur tous les ménages disposant d'une épargne nette positive », expliquaient les économistes de l'institution.

En clair, cela pourrait revenir à taxer à 10 % les assurances vie, soit 180 milliards de recettes…

Est-ce que l'État pourrait dire demain : « Je prends 10 % sur tous les livrets A » ? Peut-être, sauf si le Conseil constitutionnel jugeait le prélèvement abusif, une sorte d'atteinte au droit de propriété. Quant à l'assurance vie, cela poserait un problème de rétroactivité.

Cela dit, par le passé, certains États européens ont déjà ponctionné massivement l'épargne des ménages pour assainir leur situation financière.

Alors que la dette du pays frôlait les 120 % de PIB, le gouvernement italien de Giuliano Amato a décidé en juillet 1992 de mettre en place un prélèvement de 0,6 % sur l'ensemble des dépôts bancaires pour se désendetter. La mesure avait permis de récolter 30 000 milliards de lires, soit 15 milliards d'euros environ.

Plus récemment, Chypre, au bord de la faillite, avait accepté de ponctionner à hauteur de 47,5 % les dépôts bancaires de la Bank of Cyprus supérieurs à 100 000 euros en échange d'un plan d'aide européen de 10 milliards d'euros. Initialement prévu, un autre prélèvement de 6,75 % sur les comptes de moins de 100 000 euros avait finalement été abandonné.

Piocher dans l'épargne des ménages reste une mesure risquée. De par son impopularité d'abord. C'est sans doute pourquoi aucun gouvernement des pays développés ne s'y est essayé depuis la suggestion du FMI en 2013.

Quoi qu'il en soit, le choix du gouvernement français de réorienter l'épargne réglementée vers les priorités gouvernementales donne l'impression que celui-ci se sent aussi un peu propriétaire de cette épargne réalisée « grâce à lui » pendant les confinements. D'où les projets, jusqu'ici abandonnés, des gouvernements d'Emmanuel Macron de taxer par surprise cet argent. Mais pour combien de temps ?

4

Riche au-dessus de 3 470 euros par mois ?

En France, Victor Hugo n'est jamais bien loin. Une proposition de taxe Jean-Valjean a fait parler d'elle ces derniers mois. Une taxe de plus ! Le but ? Prélever uniquement les ménages qui possèdent plus de 10 millions d'euros de patrimoine, soit moins de 2 000 foyers, pour leur faire payer 34 milliards d'euros de taxes à coups de 20 millions d'euros en moyenne par assujetti… Un nouveau rapport d'un inspecteur des finances mandaté par le gouvernement vient par ailleurs de proposer d'augmenter la CSG des retraités moyens et aisés de 8,3 % à 9,2 %, de leur supprimer leur abattement sur l'impôt sur le revenu, d'augmenter la taxation des successions… Avec quelle justification ? Financer la nouvelle branche dépendance de notre Sécurité sociale.

Dans une dérive populiste, les riches sont systématiquement rendus responsables de tous nos problèmes. À tout le moins ils doivent boucher les trous de nos finances publiques et, comme il y en a beaucoup, les 10 % les plus riches financent déjà plus de 50 % des impôts directs[1] !

La désindustrialisation, la pauvreté, le chômage, l'arrêt de l'ascenseur social, tout viendrait du fait que le capitalisme n'est pas assez encadré ? Du fait que les riches sont trop riches ? En période de crise, la tentation de frapper les plus fortunés au portefeuille est un atavisme très français. Comme l'est l'idée de brandir bêtement le bâton pour plaire aux électeurs en obligeant, par exemple, à partir de 2020, les dirigeants exécutifs de grandes entreprises françaises à être domiciliés fiscalement en France et ce, dès 250 millions d'euros de chiffre d'affaires. De quoi leur donner des envies de se délocaliser ! C'est comme ça qu'on appauvrit un pays.

L'Allemagne toujours en tête

Curieusement, personne ne le dit, mais le nombre de millionnaires a beaucoup plus augmenté dans la social-démocratie suédoise que chez nous. La comparaison avec l'Allemagne est aussi éloquente. Si nous disposons du même nombre de millionnaires entre 1 et 5 millions de dollars (notamment à cause de l'immobilier), nous accumulons les retards dès les 10 millions de dollars de fortune nette (8,8 millions d'euros).

1. Impôt sur le revenu, taxe foncière, taxe d'habitation, CSG, impôt sur les successions, IFI…

À partir de 50 millions de dollars nous en avons moitié moins… et jusqu'en haut de l'échelle puisque nous comptons plus de deux fois moins de milliardaires. Nous manquons de riches entrepreneurs parce que la fiscalité personnelle mais aussi celle sur le capital et la production sont trop importantes en France, ce qui pose des problèmes de rentabilité, de transmission et de succession. Autrement dit l'impôt-risque est toujours mal compris en France.

La haine des riches est en revanche bien intégrée ! Les riches sont forcément ceux qui fraudent l'impôt ou ceux à qui on fait des cadeaux fiscaux. Plus facile de blâmer un lointain et imaginaire ennemi que de regarder la réalité. Cette conviction est bien ancrée, martelée, elle est même financée par nos deniers publics. Sur l'exercice 2018-2019, par exemple, Oxfam a reçu plus d'un million d'euros de subventions publiques pour sortir tous les deux ou trois mois un rapport disant en gros que les riches gagnent trop et qu'il faut augmenter la pression fiscale ! Leur nouvelle marotte est de calculer qu'ils polluent plus que les pauvres… Et ils ne sont pas les seuls : l'OFCE explique en permanence que les plus riches sont les vrais gagnants des politiques fiscales. Rejoints, là encore, par l'Insee qui a fait des savants calculs pour montrer que la baisse de la fiscalité sur le capital revenait à une baisse d'impôts pour ceux qui ont du capital. M. de La Palice n'aurait pas dit mieux !

C'est quoi un riche ?

Mais, au fait, qu'est-ce qu'un riche ? Commençons tout de suite par oublier nos préjugés car on entre dans la catégorie des 10 % les plus riches à partir d'un revenu fiscal mensuel de 4 600 euros. Prenez un foyer composé d'un ingénieur et d'une infirmière libérale et vous y êtes. Ou même un couple composé de deux enseignants titulaires de l'Éducation nationale : rémunération nette mensuelle moyenne, 2 480 euros chacun en 2018.

L'Observatoire des inégalités, qui prétend apporter au débat public sa contribution, a décrété en juin 2020 que les Français étaient riches à partir 3 470 euros par mois (deux fois le revenu médian). Une étrange invention statistique !

Alors, on évoque désormais et le plus souvent les « 1 % ». Pour entrer dans ces « 1 % », un foyer fiscal doit gagner 170 000 euros de revenu annuel, soit un peu plus de 14 000 euros par mois. Mais, au sein de ces foyers aisés, quoi de commun entre un couple de médecins (nos soignants) gagnant environ 7 000 euros chacun et un père de famille, patron de sa propre PME ? Ou l'un des 6 776 foyers français déclarant plus de 1 million d'euros de revenus ? Leur seul point commun ? L'État taxe leurs revenus à 45 % au-delà de 156 245 euros, soit quasiment le seuil d'entrée dans les « 1 % ». Et ils paient aussi depuis 2012 une surtaxe (qui devait être temporaire) au-delà de 250 000 euros de revenus. Résultat, ces 379 000 foyers fiscaux acquittent à eux seuls… un tiers de l'impôt sur le revenu français ! Soit 24 milliards d'euros.

Ces Français se sont retrouvés dans les 1 % les plus riches par leur travail essentiellement. Nous ne devons pas oublier que les Arnault, Bettencourt, Pinault, Dassault, Bolloré ou Wertheimer sont tous entrepreneurs ou issus de familles d'entrepreneurs.

Loin d'une image d'oisiveté et contrairement à l'image fausse de rentiers que l'on peut avoir des plus aisés, plus de 60 % de leurs revenus sont constitués de salaires, de retraites ou de revenus indépendants. Par ailleurs, l'appartenance aux 1 % les plus riches de la population française n'est pas acquise, loin de là. Toujours selon l'étude de l'Insee, un quart d'entre eux disparaissent des radars d'une année sur l'autre.

Dehors les plus riches ?

Bernard Arnault, l'homme le plus riche de France et du monde. Dior et Vuitton sont tout autant de marques associées à la France qui font travailler un réseau considérable d'artisans dans tout le pays. Autant d'emplois chez LVMH (156 000 emplois), L'Oréal (82 000 emplois), Bouygues (129 000 emplois) et autant de fleurons français qui pourraient être en péril si l'on continue de les matraquer. Une mentalité qui enchante les inénarrables sociologues Pinçon-Charlot : ces derniers se réjouissaient que, pendant la crise des « gilets jaunes », des tags se retrouvent dans les quartiers de la capitale sur l'air de « Tremblez, bourgeois » ou de « Vive l'anticapitalisme ».

Les 17 familles les plus riches représentent déjà, à elles seules, plus de 1,1 million de salariés. Imaginez combien d'emplois représentent les 379 000 foyers que constituent les 1 % les plus riches !

Rappelons-nous l'incendie de Notre-Dame de Paris : il n'aura même pas fallu 24 heures pour que les plus sectaires montent au créneau. Pourquoi ? Non pas pour dénoncer l'incendie mais pour dénoncer ces « salauds » de riches qui, tout de suite, ont annoncé vouloir donner pour les travaux de rénovation de la plus célèbre cathédrale de France ! Ces annonces de dons des familles d'entrepreneurs de France se sont retrouvées qualifiées, sur les plateaux télé, de « concours de fraudeurs fiscaux ». Des réactions à dégoûter les mécènes les plus amoureux de la France et de son patrimoine.

Faire partir de France des « bac + 5 » entrepreneurs pour faire entrer des « bac – 5 », est-ce vraiment la solution ? Le programme pour 2022 ne devrait pas être de taxer plus les riches mais de les taxer moins, voire beaucoup moins, pour les faire revenir en France, comme l'ont fait de manière habile les Suédois quand ils ont supprimé la taxation des successions. Mais peut-on avoir encore une réflexion quand on est aux portes de l'enfer et que chacun cherche un coupable idéal ?

5

Combien de milliards sous le tapis ?

C'est dans ce contexte de plus en plus tendu que sont faits les grands choix en matière économique.

Mais un petit problème subsiste : qui connaît le vrai chiffre de la dette française ? La réponse ? Personne. Officiellement, on va vers les 2 800 milliards de dette, mais officieusement, si on fait bien les comptes, et notamment en incluant tous les engagements hors bilan de l'État, on en est plutôt à 7 000 milliards. C'est plus de 4 000 milliards d'euros de garanties cachés sous le tapis... et beaucoup plus que nos homologues européens.

Lorsqu'on regarde vraiment les chiffres, avant la crise de la Covid, nous étions déjà à 124 % de dette et nous voguons aujourd'hui vers les 150 % de dette publique ! Et pourtant, le gouvernement s'obstine à parler d'une dette, post-Covid, à « seulement » 120 % du PIB. Toute la communication du gouvernement repose sur la complexité des calculs et le but est très clairement que les Français n'aillent pas regarder les comptes.

Chacun sa méthode

La dette à 98 % du PIB que l'on avait en tête pour 2019 ? C'est celle « au sens de Maastricht[1] ». Du côté de l'OCDE, en 2019, la « dette publique brute des comptes nationaux » s'élevait, elle, bien à 124 % du PIB[2].

La raison de ces écarts non négligeables est liée à la définition de la dette, variable selon les instituts. La définition générale de la dette publique en science économique c'est : « La dette publique est constituée de l'encours total des titres d'emprunts publics (titres d'emprunt d'État, bons du Trésor, dette des entreprises publiques...)[3]. » Sauf que cette dette n'est pas forcément comptabilisée selon la même méthode pour rendre compte des emprunts des administrations publiques.

Au niveau européen, pour alléger le poids facial de la dette des pays de la zone et permettre aux États de plus facilement respecter la règle des 60 % de dette publique maximum par rapport au

1. « Dette et déficits publics au sens de Maastricht en 2019 », *Comptes nationaux annuels – base 2014*, Insee, 28/08/2020.

2. « Financial Balance Sheets 2019 – France », *Comptes nationaux des pays de l'OCDE*, 10 décembre 2019.

3. Alain Beitone, Antoine Cazorla, Estelle Hemdane, *Dictionnaire de science économique*, 5e édition, juin 2016.

PIB, un règlement européen a exclu de la définition de la dette certains « types » de dettes ou de passifs : ainsi disparaissent des comptes officiels les dettes liées au financement des retraites (soit plus de 2 000 milliards d'euros, presque la moitié de la dette fantôme de l'État), les dettes des produits dérivés et les dettes de fonctionnement courant.

Dès 2005, le rapport Pébereau avait montré que « l'application des normes comptables des entreprises privées aboutirait, pour ces engagements supplémentaires, à un montant compris entre 790 et 1 000 milliards d'euros ». En 15 ans, cela a beaucoup augmenté et ce n'est toujours pas comptabilisé dans la dette française. D'ailleurs pourquoi changer les règles quand cela permet de, si efficacement, cacher une bonne part de la dette des États ?

L'OCDE et l'Insee, eux, se réfèrent à la dette brute des comptes nationaux, soit la somme des passifs affichés au bilan (compte de patrimoine) des administrations publiques. En 2019, la dette brute comptabilisée par l'Insee atteint 138 % du PIB. L'OCDE, elle, consolide les comptes, et retire donc de cette valeur les créances détenues entre administrations. Cela ramène donc la valeur de la dette publique française à 124 % du PIB.

Plus de 4 000 milliards d'euros sous le tapis

C'est alors que la crise sanitaire surgit ! L'État garantit une partie des prêts pour les entreprises : ce sont des engagements hors bilan puisque, sur 90 % de ces prêts, l'État a donné sa garantie. Cela signifie que, si toutes les entreprises qui ont contracté un tel prêt (soit 120 milliards d'euros) faisaient faillite, l'État devrait rembourser plus de 100 milliards d'euros.

Ces engagements hors bilan sont de nature très disparate : engagements au titre des prestations sociales, pensions dues aux agents en poste ou en retraite jusqu'à leur décès… On peut citer pêle-mêle : 76 milliards de garanties de l'État français pour le Fonds européen de stabilité financière, 30 milliards à l'Unédic, 28 milliards à la banque Dexia, 55 milliards pour BPIfrance assurance export, 126 milliards de garantie de passif pour le mécanisme européen de stabilité… Et bien sûr, les retraites puisque ces engagements recouvrent des subventions d'équilibre apportées par l'État aux régimes spéciaux de retraite de la SNCF et de la RATP pour un montant de 437 milliards d'ici à… 100 ans !

Au-delà de ces deux entreprises, les chiffres sont vertigineux : 2 265 milliards d'euros fin 2019. Les engagements de retraite de l'État constituent 55,52 % des engagements hors bilan de l'État.

Un fait à prendre en compte chaque fois qu'une réforme des retraites passe à la trappe ou est vidée de toute ambition. Sur ce sujet, on ne fonce plus dans le mur, on est bien au fond du gouffre.

Tous ces engagements sont mal pris en compte dans l'appréciation de la situation française, que cela soit par les médias ou nos dirigeants politiques. Si ce sujet est moins abordé que celui de la dette, cela tient d'abord à la nature même des engagements hors bilan : les dépenses qui y sont attachées dépendent d'événements ultérieurs. Bref, les gouvernements successifs se refilent ce dossier à risques !

Certains sont même, carrément, non chiffrés. C'est le cas de l'engagement implicite de l'État en faveur de Bpifrance en cas de faillite de sa filiale, Bpifrance Financement. La commission des Finances du Sénat le déplore mais cela ne change rien, c'est motus et bouche cousue… Idem pour les engagements hors bilan des collectivités locales qui pourraient en dernier ressort retomber sur l'État. Ce sont autant de zones grises de la dette qui font peur. D'ailleurs le problème vient du fait que les collectivités ont leur propre hors-bilan notamment à cause de leurs engagements liés à leurs budgets annexes qui ne sont jamais présentés « consolidés » (sociétés d'économie mixte, régies, établissements publics locaux, etc.).

Il est intéressant de rappeler aussi que, pour pouvoir emprunter (toujours) plus au niveau européen, la France donne encore sa garantie notamment pour les mécanismes de soutien financier de la zone euro (par exemple, le mécanisme européen de stabilité) ou de la garantie des dépôts des épargnants, directement liée au volume de ces dépôts.

N'ayons pas peur de le dire : ces engagements hors bilan ne sont pas contrôlés par les parlementaires et sont devenus une bombe à retardement. Les gouvernements successifs ont entassé des déficits présentés comme lointains ou virtuels mais sans communiquer dessus et surtout sans que cela apparaisse dans les chiffres de la dette. C'est qu'ils ne veulent pas nous faire paniquer. C'est vraiment trop gentil !

Pourtant il y a de quoi être effrayé.

Alors même que la dette était censée être réduite en 2019, les engagements hors bilan ne cessaient de grimper. En 12 ans, ils ont été multipliés par 4. Un exemple de nouvel engagement hors bilan de l'État ? En 2019, il a donné sa garantie à la Banque européenne d'investissement pour un emprunt de 500 millions d'euros pour financer… le Grand Paris.

Cela ne fait pas les gros titres. Il n'y a étrangement pas d'annexe à la loi de finances sur le sujet. Le chiffre officiel de la dette cache donc en fait un véritable trou noir. Si on fait l'addition, entre la dette et les engagements hors bilan de l'État on est bien à 7 000 milliards. C'est trois fois le PIB de la France mais, paraît-il, il ne faut pas le dire !

6

L'enfer fiscal et sa litanie des 483 taxes

Cet entrepreneur a fait ses comptes : avec la fiscalité française, il aurait tout intérêt à basculer tous les postes qu'il a créés en France dans l'usine qu'il possède en Allemagne. Cela lui coûterait 20 % moins cher en impôts et charges. Champion du monde de la fiscalité, notre pays continue à inventer, inlassablement, de nouvelles taxes chaque année. Qu'importe la réalité sur le terrain, dès qu'un problème se pose, l'administration (enfin, surtout Bercy) propose une taxe !

Pour financer la dépendance ? L'inspecteur des finances mandaté par le gouvernement propose d'augmenter les taxes de 5,6 milliards dont plus de 3 milliards sur les retraités ! Cela alors qu'il a été mandaté par un gouvernement qui a explicitement dit qu'il ne créera pas de nouveaux impôts… mais les promesses n'ont jamais empêché l'inverse de se produire. Voilà comment on se retrouve avec une taxe sur les billets d'avion alors que nous sommes un des pays qui taxent le plus le transport aérien et que notre industrie aéronautique est en ruine à la sortie de la crise de la Covid.

Conséquence de cette mentalité ? La France est championne du poids des impôts dans la richesse nationale mais elle est aussi championne du monde du nombre des impôts, taxes et cotisations. Il y a, en France en 2019, 483 impôts, taxes et cotisations, dont 376 impôts et taxes et plus de 100 cotisations.

Une véritable litanie

L'observatoire EY des politiques budgétaires et fiscales de mars 2019 a fait le compte qu'entre 2010 et 2018, 62 taxes ont été créées et 58 supprimées. On fait, en quelque sorte, du surplace. En gros, chaque fois qu'on en supprime, on en crée quasi autant.

Rien qu'en 2019, 5 nouvelles taxes ont été créées : taxe additionnelle à la taxe de séjour en Île-de-France pour financer le Grand Paris, taxe sur les hydrocarbures, redevance pour les concessions hydroélectriques, contribution sur les sources d'eaux minérales, taxe de balayage...

Selon les données OCDE, la France a 196 impôts et catégories d'impôts, soit plus du double de l'Allemagne (84) et du Royaume-Uni (86). Le système français applique systématiquement plus de prélèvements dans chaque catégorie. Par exemple, sur les impôts sur les salaires et la main-d'œuvre ? La France en compte 13, l'Allemagne 0... Pour les impôts sur le patrimoine ? France 33, Allemagne 17. Pour les impôts sur les biens et services ? La France 109 et l'Allemagne 46, et ainsi de suite.

Pour tenter de remédier à cette surdose, le gouvernement a commencé à faire le ménage dans les petites taxes. Cela inclut les taxes sur les remontées mécaniques, les taxes funéraires, le droit de passeport des navires de plaisance, bref, tous ces mini-impôts dont les coûts de collecte peuvent atteindre près de 20 % ou qui ont un faible rendement (moins de 150 millions d'euros). Au total, la France comptait encore plus de 100 « petites » taxes en 2019 pour 5,3 milliards de recettes.

En 2020, le gouvernement en a supprimé une vingtaine mais sans pouvoir toucher à celles sur les remontées mécaniques ni sur les eaux minérales, sanctuarisées. En 2021, il est prévu d'en supprimer 7 pour 25 millions d'euros. Ce gouvernement a, à peine, supprimé 500 millions de petites taxes. À ce rythme, il faudra encore 33 ans pour toutes les supprimer.

Bref, entre la volonté (affichée) de Bruno Le Maire et les réalisations en matière de suppression, il existe un véritable fossé. Malgré un moratoire sur les taxes de rendement inférieur à 150 millions d'euros lancé en mars 2018, de manière inexplicable, certaines nouvelles petites taxes ont été créées récemment comme la taxe forfaitaire de 10 euros sur les contrats d'usage

(50 millions d'euros[1]) ou un nouveau compartiment de l'IFER (imposition forfaitaire des entreprises de réseaux) sur les centrales géothermiques qui ne devrait en frapper qu'une seule (Bouillante en Guadeloupe) pour quelques millions d'euros[2]. Par ailleurs, le ripolinage fiscal se révèle parfois hypocrite : le « malus » sur les véhicules à moteur qui fusionne les anciennes taxes rapportera plus que les anciennes petites taxes supprimées !

« Elephant Man juridique »

280 modifications du Code général des impôts en 2018. Ce sont les chiffres de Lexbase. C'est gigantesque : 3 600 pages… On en parle moins que du Code du travail mais il est quasiment aussi gros et… indigeste. Quand on regarde en nombre de mots, c'est encore plus vertigineux : en 20 ans, entre le Code lui-même et ses annexes, on est passé de 463 314 mots à 967 927 mots, soit presque 1 million de mots, donc, pour réglementer notre fiscalité.

1. Substitution de la majoration de la cotisation chômage de 0,5% valable jusqu'en avril 2019.

2. Cette sous-composante de l'IFER s'appliquera aux centrales de plus de 12 mégawatts, l'entreprise américaine en question (17 mégawatts bientôt portés à 25 mégawatts) dégageant un bénéfice après impôts de 6,4 millions d'euros. Voir Assemblée nationale, RALF 2020, p. 48.

Modifier le Code des impôts ? C'est le sport national français ! Dans les années 1980, on s'y adonnait avec parcimonie : 15 ou 30 modifications par an. Mais plus les années passent et plus le législateur se lâche sur la complexité de notre fiscalité.

Le Code général des impôts compte parmi les chefs d'œuvre de l'ordre juridique français. Il se caractérise par la très grande complexité de la numérotation de ses articles. Michel Taly, dans la revue *Pouvoirs*, avait qualifié notre Code général des impôts d'« Elephant Man juridique ». Il avait clairement raison. Au départ, la rédaction du Code partait bien avec une numérotation continue, des parties et des chapitres. Bref, un plan logique : impôts directs, impôts indirects, droits d'enregistrement, pénalités, procédures...

Puis sont apparus, comme pour les rues, des numéros *bis*, *ter*, *quater*... Qui sait encore qu'en latin douzième se dit *duodecies* et vingt et unième *unvicies* ? Les avocats fiscalistes français, c'est certain ! On a vu ensuite s'intercaler des lettres et des chiffres à nouveau. Par exemple entre 10 *bis* et 10 *bis* A, on crée 10 zéro A.

La longueur des articles a été l'occasion d'oppositions entre les fonctionnaires des finances et ceux de la séance de l'Assemblée nationale sur la façon de compter les alinéas. Pour mettre fin à cette guerre et faciliter la tâche des parlementaires, les services de l'Assemblée nationale numérotent maintenant les alinéas en marge des projets.

C'est là que l'on touche au summum de la complexité fiscale. L'article 220 B par exemple dispose que « le crédit d'impôt pour dépenses de recherche défini à l'article 244 *quater* B est imputé sur l'impôt sur les sociétés dû par l'entreprise dans les conditions prévues à l'article 199 *ter* B ». Puis l'article 220 C dispose que « le crédit d'impôt défini à l'article 244 *quater* C est imputé sur l'impôt sur les sociétés dû par l'entreprise dans les conditions prévues à l'article 199 *ter* C ». Bref c'est totalement incompréhensible et illisible. On comprend que les entreprises embauchent des experts pour pouvoir bénéficier du crédit impôt recherche !

Modifications obsessionnelles compulsives

En suivant les années d'inflation du Code, on pense à la courbe de température d'un malade. Grâce à la base de données unique de Lexbase, on peut retrouver les accès de frénésie fiscale qui ont saisi nos gouvernements successifs depuis quarante ans. Cela commence dès 1982 avec 974 articles modifiés cette année-là. Mais que dire de 2002 et ses 1 194 articles modifiés, de 2006 et de ses 1 266 articles, ou encore de 2010 et ses 1 311 modifications ?

Certains articles ont été particulièrement triturés depuis 1981. L'article 81 notamment, modifié 72 fois. Et on comprend vite pourquoi. Cet article fait la liste des exonérations à l'impôt sur le revenu : 7 600 euros par an pour les journalistes, les indemnités représentatives de frais de mandat pour les parlementaires, les indemnités de maires ruraux, les allocations logement, le RSA.

L'article 39, modifié 60 fois, qui établit l'assiette d'imposition des entreprises, dépasse par exemple les 5 000 mots ! Ce fameux article 39 liste, sur plus de 10 pages, toutes les charges déductibles. Le Code général des impôts se caractérise par des articles d'une longueur incroyable.

L'inflation de ce Code est moins visible que celle du Code du travail car le nombre d'articles est resté à peu près stable avec environ 2 400 articles quand le Code du travail est passé, lui, de 4 900 articles à 11 000 articles. Mais cette « stabilité » est un leurre. Les articles n'ont pas été augmentés en nombre mais se sont boursouflés de l'intérieur.

Malgré cela, on continue de modifier notre fiscalité encore et encore. Dernier exemple marquant : en 2019, suite à la crise des « gilets jaunes », on a remodifié l'article 81 *quater*, celui sur les heures supplémentaires que l'on avait déjà modifié sous François Hollande et sous Nicolas Sarkozy. Une maille à l'endroit, une maille à l'envers… On taxe, on crée une niche, on complexifie, on tourne en rond. Et ça nous plombe.

DEUXIÈME PARTIE

DANS LE MUR… DE LA DETTE

7

Le prix à payer de la relance

Le ministre n'en revient toujours pas, il a cru que c'était un canular quand on lui a dit : « On te file 2 milliards dans le plan de relance, tu as deux heures pour nous dire ce que tu comptes en faire. » Si ce n'est pas du saupoudrage d'argent facile, on ne sait pas ce que c'est. Nos ministres ont aujourd'hui des problèmes de riches avec de l'argent qui hier n'existait pas. Demain, quand l'eau de la pluie se retirera, nous aurons tous des problèmes de pauvres.

D'ailleurs, cela commence à inquiéter au plus haut niveau. Dans les ministères, ils avouent : « On a ouvert les vannes à fond mais on ne sait pas qui va payer. » Comme si le bon sens avait tout bonnement disparu. Ce protagoniste très haut placé se lamente : « Mais ils sont fous, ils sont devenus fous, ils dépensent sans compter et sans aucune étude d'impact. » Peut-être se sent-il peser une responsabilité d'apprenti sorcier, la BCE rachetant plus de dette que la crise n'en a créé, le budget est financé en open bar.

Le plan de relance à 100 milliards fait couler

beaucoup d'encre dans nos administrations. Sa complexité est avérée, nul ne comprend à quoi il peut prétendre. C'est la remontée qu'ont faite des chefs d'entreprise au président de la République : le plan est trop complexe, inutilisable pour les TPE et PME. Cela a déclenché un tollé à tous les niveaux de l'État et les directeurs d'administrations centrales ont répondu désemparés qu'ils ne savent pas comment dépenser cet argent...

Chaque semaine, pour ne pas dire chaque jour, apporte son lot de nouvelles dépenses. L'une des dernières en date ? La mise en place à partir de septembre 2020 d'un chômage partiel payé à 84 % pour les parents qui doivent garder leurs enfants... Ça, c'est pour le privé. Pour les agents du public, ils seront payés eux à 100 % pour garder leurs enfants si les écoles ou les crèches ferment. Autre annonce ? La Covid-19 sera reconnue officiellement comme une maladie professionnelle automatiquement pour les professionnels de santé et sur demande pour les autres. Et encore des millions de dépenses publiques. Sans aucune évaluation.

« Quoi qu'il en coûte », le président de la République l'a dit le 12 mars 2020. Depuis, c'est la valse ininterrompue des milliards. D'une certaine manière, c'était prévu. Cela relève d'un cynisme total car personne ne sait comment et combien on va devoir payer demain.

Que ce soit après les grèves, le mouvement des « gilets jaunes », les manifestations et, plus récemment, la crise sanitaire, on voit s'enchaîner au JT de 20 heures la communication gouvernementale annonçant des milliards et des milliards de dépenses supplémentaires... En pleine crise de la Covid-19, les annonces fusaient : 18 milliards pour le tourisme, 12 milliards pour l'aéronautique, 8 milliards pour l'automobile, autant d'annonces qui semblaient s'ajouter à 100 milliards déjà sur la table. Des chiffres à donner le tournis et à croire qu'il est voulu que les Français ne s'y retrouvent pas, ne puissent pas additionner les lignes budgétaires mais soient absolument convaincus que l'État ouvre les vannes à fond.

Selon le président de la République, la France aurait mis 500 milliards d'euros sur la table à l'occasion de la crise de la Covid-19 : « Nous avons mobilisé près de 500 milliards d'euros pour notre économie. » Un montant impressionnant qui laisserait presque croire que l'État dispose d'une force de frappe illimitée. Rien n'est moins vrai.

D'abord, l'enveloppe globale consacrée à la crise n'est pas de 500 mais de 465,8 milliards d'euros. Sur cette somme, plus des deux tiers (327 milliards, soit 70 %) représentent non pas des dépenses mais des garanties publiques sur les prêts de trésorerie faits par des banques aux entreprises (300 milliards).

Il n'empêche, c'est plus de 85 milliards que l'État a dépensés en plus en 2020 avec la crise. Et cela va continuer en 2021.

Opacité volontaire

Alors, quelles sont les sommes réellement injectées par l'État depuis le début de la crise ? Le quatrième projet de loi de finances rectificative 2020 évoque un montant de « près de 162 milliards d'euros […] destinés au soutien à l'économie, à l'emploi, aux collectivités territoriales et aux plus précaires, contre 136 milliards prévus fin juin ».

Pour ce qui relève de l'État, les dépenses nouvelles inscrites dans le projet de loi de finances rectificative s'élèvent à plus de 70 milliards d'euros – on est loin des 500 milliards martelés par le chef de l'État.

La principale dépense concerne le chômage partiel : 34 milliards d'euros au total ont été alloués pour éviter une gigantesque vague de licenciements durant les confinements. Mais l'État n'assure que deux tiers du financement, l'Unédic le reste. Il faut ajouter à cela les 19,4 milliards d'euros du fonds de solidarité pour les TPE et les indépendants ; les 12 milliards de dépenses de santé exceptionnelles et les 2 milliards d'euros d'aides aux plus précaires.

Cette valse des milliards ne doit pas faire oublier que tout est financé par la dette. « Ces dépenses se justifiaient et se justifient en raison des circonstances exceptionnelles. Mais elles viennent s'ajouter à notre dette existante. Nous ne les financerons pas en augmentant les impôts : notre pays est déjà l'un de ceux où la fiscalité est la plus lourde, même si depuis trois ans nous avons commencé à la baisser. La seule réponse est de bâtir un modèle économique durable, plus fort, de travailler et de produire davantage pour ne pas dépendre des autres », a rappelé le président de la République.

En 2021 et en 2022, on va continuer à lâcher les vannes avec le plan de relance. En ce qui concerne les baisses d'impôts pour les entreprises, dans le pays le plus endetté, c'est tout à fait légitime. Mais pourquoi ajouter 34 milliards de dépenses des administrations (bâtiments publics, SNCF,…) dans le pays qui a les dépenses publiques les plus élevées du monde alors que nous n'avons pas le premier euro pour les financer ? Comme toujours, l'intendance suivra, paraît-il !

Les caisses sont vides

En vérité, nos caisses sont vides et nous ne disposons d'aucune marge de manœuvre et, à défaut de réformer et de viser une gestion saine des finances publiques, nos gouvernants préfèrent compter (comme d'habitude) sur la planche à billets. Un jeu dangereux qui ne paiera pas éternellement, d'autant que l'illusion fonctionne de moins en moins.

Ce faisant, le chef de l'État a ouvert de dangereux nouveaux appétits avec tous ces milliards qu'il semble sortir de sa besace tel un prestidigitateur après avoir dit que les caisses étaient vides. C'est très dangereux. Il faudra bien expliquer que cette manne n'existe que si on s'engage à la rembourser. Dès lors qu'on n'est plus en mesure de le faire ou qu'on donne des signaux en ce sens, la valse s'arrête sur le *Titanic*.

Combien de temps de répit nous est encore accordé ?

8

Le mur de la dette

76,1 % de la dette négociable de l'État antérieure à 2020 devrait arriver à échéance d'ici à 2030, soit 1 305 milliards d'euros. Dans très exactement dix ans. Et d'ici là, les remboursements devront s'accélérer puisque 599 milliards de dettes arriveront à échéance d'ici à 2023 (hors impact de la crise). 138 milliards en 2020, 141 milliards en 2021, 170 milliards en 2022 et 150 milliards en 2023. Bien sûr, il ne s'agit pas de rembourser cash le principal de ces prêts, mais bien de le « rouler », de le refinancer, c'est-à-dire d'emprunter les sommes pour rembourser les prêteurs et repartir pour de nouvelles échéances à maturité plus longue.

120 % de la richesse nationale ! 2 650 milliards d'euros. Voilà l'Everest de la dette publique qui se profile devant nous. Ces chiffres donnent le vertige. Enfoncé le plafond de verre des 100 % de PIB de dette. Comme le relève le Haut Conseil des finances publiques dans son avis de

juin 2020[1] : « Cette hausse massive, qui s'ajoute à une croissance quasi ininterrompue depuis 10 ans, fragilise la soutenabilité à moyen terme des finances publiques de la France. » En langage « feutré », le Haut Conseil voit « rouge »… Nous entrons dans le club fermé des pays dont la dette dépasse les 100 % du PIB, mais qui pour la plupart y sont déjà depuis longtemps : la Belgique (113,8 %), l'Espagne (115,6 %), l'Italie (158,9 %), la Grèce (196,4 %).

Cependant, devant une telle falaise, il faut distinguer la part liée à la Covid de la tendance de fond déjà très préoccupante. Si la croissance avait été nulle en 2020, l'endettement aurait quand même dépassé les 100 % et serait passé de 98,1 % en 2019 à 108 %. L'effet de l'effondrement du PIB sur la dette est donc massif et pèse pour 13 points, ce qui est énorme, dans la hausse totale de 22 points enregistrée. Une certitude : la dette s'est accrue de 268,6 milliards en euros courants entre 2019 et 2020, soit environ de 11 points de PIB[2].

Comme pour toute crise, le creusement du déficit est inévitable. Quel dommage que celui-ci n'ait pas été résorbé suffisamment pour encaisser le choc. Le déficit public initial 2020 était programmé à – 90 milliards. On sera à – 249 milliards d'euros.

1. Haut Conseil des finances publiques, avis n° 2020-4 du 10 juin 2020.

2. Évalué par rapport au niveau du PIB en 2019 ; et de 10 points environ en euros constants.

Autopsie du mur

Comme tout mur, l'endettement public est constitué de briques qu'il faut bien regarder.

En premier lieu, une remarque : la France « concentre » sa dette d'abord au niveau de l'État alors même qu'elle se crée dans d'autres administrations : collectivités territoriales ou Sécurité sociale. La « brique » dette de l'État se charge donc du financement des déficits des autres administrations.

Il faut avoir présent à l'esprit que la répartition des dettes est donc anormalement chargée sur l'État. Il ne sert donc à rien de « tailler » massivement dans ses dépenses pour apurer son déficit. Il faut au contraire mieux maîtriser les dépenses dans les administrations qui exportent ces déficits au niveau de l'État.

S'agissant des collectivités territoriales, leurs recettes pourraient diminuer de 7,5 milliards en 2020. Des compensations devraient intervenir à hauteur de 4,5 milliards d'euros et les dépenses correspondantes faire l'objet d'un traitement à part. Il n'existe pas encore d'évaluation s'agissant des dépenses supplémentaires à mettre en face des dépenses évitées. La dette des collectivités territoriales semble donc « maîtrisée ».

Au contraire, la dette de la Sécurité sociale l'est beaucoup moins. Avec le surcroît de dépenses hospitalières d'urgence, la branche de l'assurance maladie atteindra un déficit de 31 milliards d'euros en 2020[1], l'endettement de l'assurance chômage sera, lui, grevé par la prise en charge du chômage partiel et avec une perspective d'un chômage en hausse en sortie de crise à 11 %, sa dette pourrait atteindre les 60 milliards d'euros. La dette des organismes de Sécurité sociale pourrait donc clairement franchir les 10 points de PIB. D'ailleurs, le gouvernement ne s'y est pas trompé puisqu'une première mesure de contingentement est intervenue sous la forme de deux projets de loi (ordinaire et organique) visant à augmenter la durée de vie de la CADES qui passera de 2024 à 2033, avec à la clé la nécessité de prendre à sa charge 136 milliards d'endettement supplémentaires. L'avantage est simple, en allongeant la durée d'amortissement de la dette sociale par reprise progressive du surcroît d'endettement, le gouvernement se débarrasse d'une partie de la dette publique puisque la dette « reprise » est absorbée par un satellite de la Caisse des dépôts et consignations et considérée (hors intérêts) comme une dette du secteur « privé ».

Un procédé habile ou une ruse dangereuse de plus ?

---

1. Contre un déficit de 1,46 milliard d'euros un an plus tôt, Commission des comptes de la Sécurité sociale, rapport du 16 juin 2020, p. 9.

9

La drogue dure des déficits

Plus de 3 % de déficit public en moyenne depuis 1975. Pas une année en positif depuis 45 ans. La France est vraiment « accro ». En 2020, c'est catastrophique avec plus de 11 % de déficit par rapport au PIB. Les chiffres annoncés pour 2020 s'accumulent. Et les perspectives 2021 ne sont pas bien meilleures, on va encore exploser les 160 milliards.

Crise ou pas crise, la France a un déficit structurel qui frôle les 50 milliards par an. En accumulant tous ces déficits, cela nous coûte environ 40 milliards par an de charge de la dette. Est-ce que cela inquiète le gouvernement ? Ils tentent de (se) convaincre que non car ils ont fait le calcul que la charge de la dette n'augmenterait pas malgré la crise, voire allait baisser avec les taux négatifs et les rachats de dette par l'omniprésente BCE. 36 milliards d'euros en 2021, comme en 2002, alors que la dette a triplé ! Même si la charge de la dette a cessé de baisser, le gouvernement ne compte pas baisser les dépenses pour autant. À nos risques et périls.

En vérité, depuis 45 ans, aucun gouvernement n'a voulu s'atteler à cette tâche difficile et impopulaire !

Des soldes publics inégalement impactés

En 2019, les collectivités territoriales sont passées d'un déficit de 1,2 milliard à 8,6 milliards ! Cela notamment à cause de la compensation partielle des baisses de recettes fiscales et des dépenses exceptionnelles du bloc local évaluées à 6 milliards par l'AMF (l'Association des maires de France).

Il s'ensuit que le déficit budgétaire de l'État est plus dégradé encore que celui résultant de sa présentation en comptabilité nationale. Le déficit budgétaire de l'État était de 223 milliards d'euros en 2020. Le déficit de l'État augmenterait de + 129 milliards d'euros par rapport au budget initialement présenté pour 2020 où il était attendu à 93,1 milliards. Dont 23,2 milliards d'euros de pertes de recettes fiscales.

Cette hypercentralisation des déficits rend plus difficile la possibilité de les ajuster par une baisse des dépenses dans les administrations concernées, puisque celles-ci se voient automatiquement « compensées » par l'État central. Il devient alors plus délicat de leur demander de faire des efforts une fois que les dépenses sont couvertes.

« Paroles, paroles… »

Faisons un petit retour en arrière cruel. Fin 2019, on nous annonce qu'en 2024, le trou de la Sécu serait bouché ! Cela occupait beaucoup les doctes économistes des plateaux audiovisuels qui pariaient déjà sur la fin de la dette sociale. Leur obsession ? Trouver une nouvelle utilité à ce que d'aucuns appelaient le « jackpot » de 18 milliards de recettes de CRDS et de CSG qui allaient, désormais, créer un excédent. Tous se creusaient la tête pour savoir comment utiliser cet argent dans des discussions totalement hors sol qui occultaient le déficit public et la dette. (Notons d'ailleurs qu'aucun n'a proposé de faire sauter ce prélèvement qui pèse sur les salaires des Français une fois la question du trou de la Sécu « réglée ».)

Utiliser ces 18 milliards providentiels était devenu la piste privilégiée par de nombreux syndicats pour financer les retraites et éviter le report de l'âge de départ à la retraite. C'était il y a un an. Depuis, tellement de choses se sont passées.

Cela montre à quel point en France nous sommes déconnectés. Personne ne pense jamais au désendettement ou à chercher à recycler les excédents éventuels lorsqu'ils surviennent enfin. Mais toujours à la cagnotte qu'on pourrait aller racler dans un fond de tiroir pour pouvoir financer un manque de courage devant la dépense publique. Une cécité bien partagée qui va finir par nous coûter cher.

C'est la dette de fonctionnement qui nous mine

Le déficit structurel de la France est toujours peu ou prou de 2 points de PIB depuis les années 1980. Même avant la crise du virus, on tablait sur 2,2 % de déficit en 2020. En clair, on ne déroge pas à la règle : on fait du déficit pour payer le fonctionnement de nos administrations. On peut d'ailleurs évaluer la dette ainsi accumulée depuis les années 1990 qui marquent le décrochage de la France, une période à partir de laquelle on s'endette plus pour payer le fonctionnement que l'investissement public.

Près de 912 milliards d'euros de dette pour le fonctionnement ont été accumulés entre 1995 et 2019 contre 689,8 milliards de dette pour l'investissement. Ce qui peut faire dire que si nous n'étions pas accros aux déficits pour financer les salaires publics, les frais de bouche et l'entretien des bâtiments, nous serions non pas à plus de 120 % de dette aujourd'hui mais à 80 %… Au même niveau que les Allemands. Cela devrait faire réfléchir tous les dirigeants qui se sont succédé à la tête de notre beau pays.

10

Nos entreprises sont en danger

« Je faisais moins 70 % en mars, moins 50 % en juin et je suis maintenant scotché à moins 20 %. » Ce chef d'entreprise n'en peut plus. Les entreprises de France ne disent rien car elles ne veulent pas détruire le peu de confiance qu'il y a, mais vue d'une petite entreprise, la reprise n'est pas là et nous savons que nous allons continuer à moins 20 % pendant des mois et des mois. Voilà pour une PME, mais pour les grandes entreprises de la France qui ont plus de 5 000 salariés, cela ne va pas mieux non plus…

Ne dites pas aux entrepreneurs que la crise est derrière nous. Ils sont en plein dedans. Ils voient baisser dangereusement les réserves de prêts garantis par l'État sans que les carnets de commandes soient revenus à la normale. Les publications de l'Insee (Institut national de la statistique et des études économiques) ont beau nous dire que nous sommes seulement à –5 % d'activité pour le troisième trimestre à fin août 2020, on peine à croire au retour de l'activité à presque

100 % que nous prédit l'Institut national de la statistique. Certains secteurs sont au tapis (aéronautique, événementiel, tourisme, commerce…), même si on ne voit pas encore augmenter les faillites qui, en juin 2020, selon les données publiées par la Banque de France, ont diminué de 25,4 % par rapport à la période équivalente en 2019. Comment expliquer ce paradoxe ? Tout simplement par la réglementation qui accorde temporairement des délais supplémentaires tant pour apprécier l'état de cessation de paiements que pour le déclarer. C'est à partir du printemps 2021 que l'on verra déferler la vague des faillites.

Globalement, nos entreprises ont payé la moitié de la note de la crise sanitaire. Au deuxième trimestre 2020, sur 90 milliards de baisse de la richesse nationale, les entreprises françaises ont payé un lourd tribut de 36 milliards et ce n'est clairement pas fini. Cela va d'ailleurs se corser quand elles vont devoir à nouveau rembourser leurs crédits qui étaient suspendus pendant 6 mois, puis rembourser les prêts garantis par l'État…

Nos entreprises ployaient déjà avant crise sous une dette de 2 000 milliards, plus importante que leurs homologues allemandes notamment, deux fois plus élevée en proportion. La dette vient en grande partie du fait que nos entreprises sont plus imposées, cela pèse aussi sur l'investissement et donc sur l'emploi. Un montant propulsé par les prêts garantis par l'État. À fin avril 2020, leur en-cours de dette a quasi doublé du fait de la crise financière de la Covid. Le mur de la dette des sociétés françaises se rapproche. Elles entrent dans une zone à risque.

L'endettement des entreprises : une longue histoire

À la fin 2018, selon le Fonds monétaire international, les entreprises françaises figuraient dans le club restreint des plus endettées dans le monde, en pourcentage du PIB : plus de 140 % contre 74,45 % aux États-Unis. Un niveau loin de l'Irlande (191 %) mais pas si éloigné des plus hauts de la Belgique, des Pays-Bas ou de la Chine (153,6 %).

Depuis 2008, le taux d'endettement des entreprises françaises n'a pas cessé de progresser chez nous, passant de 117,5 % à 143,2 % du PIB. C'est près du triple du niveau observé chez nos vertueux voisins allemands (57,2 %).

La raison ? Officiellement, nos PME auraient des finances plus saines que leurs homologues espagnoles ou italiennes. Officieusement, nos entreprises traînent un boulet fiscal beaucoup plus lourd en France que dans les pays de la zone euro, de 100 milliards de plus par an. Sur ces 100 milliards, 50 milliards sont des charges sociales employeurs en plus et les 50 autres milliards sont des taxes sur la production[1] que les entreprises paient avant même d'avoir réalisé un euro de bénéfice. Une spécificité française qui nous plombe. Curieusement, si on fait l'addition de toute la fiscalité versée en plus par les entreprises françaises depuis la crise de 2008, on tombe peu ou prou sur le montant de la dette des entreprises françaises.

Les efforts de baisse des prélèvements des entreprises, entre le crédit d'impôt compétitivité et emploi, le pacte de responsabilité et la baisse du taux d'impôt sur les sociétés, tournent autour d'une quarantaine de milliards et devraient, en toute logique, se traduire par une baisse équivalente en part de PIB. Sauf qu'il n'en est rien : entre 2012 et 2018, les impôts, taxes et charges pesant sur les entreprises sont passés de 18,7 % du PIB à… 18,4 %.

L'écart avec les pays de la zone euro s'est-il résorbé ? Non. Sur les 148 milliards de prélèvements obligatoires supplémentaires qui pèsent sur la France par rapport à la moyenne de la zone euro, plus de 100 milliards d'euros sont à la charge de nos entreprises. Soit un quart des 431 milliards de prélèvements obligatoires payés par ces dernières.

1. CVAE (cotisation sur la valeur ajoutée des entreprises), C3S (contribution sociale de solidarité des sociétés), taxes transports…

Un subtil jeu de bonneteau

Que s'est-il donc passé entre 2012 et 2018 pour que tous les efforts pour améliorer la compétitivité de nos entreprises disparaissent ainsi ? Eh bien, la quasi-totalité des baisses liées au CICE (crédit d'impôt pour la compétitivité et l'emploi) et au pacte de responsabilité ont été avalées par des hausses d'impôts sur la main-d'œuvre, sur les outils de production et par des hausses de cotisations sociales. Les impôts de production ont ainsi augmenté, sur la période, de plus de 7 milliards, les cotisations sociales de 30 milliards et les impôts sur les produits de 10 milliards. Sans oublier une fiscalité écologique des entreprises qui est, elle, passée de 20 à 25 milliards d'euros.

La plongée dans ces chiffres permet de comprendre que nos entreprises, loin d'être gratifiées de « cadeaux fiscaux », souvent évoqués à tort, ont été victimes, ces dernières années, d'un subtil jeu de bonneteau entre les différents impôts.

Sur le total des taxes, impôts et cotisations, on décompte 120 milliards d'impôts en plus par rapport à l'Allemagne ; nos entreprises croulent sous les prélèvements de toutes sortes. Et on le voit assez bien avec les 233 taxes différentes qui leur sont réservées.

Pire, ce sont les entreprises industrielles françaises qui supportent des prélèvements obligatoires plus élevés par rapport à leurs homologues allemandes. Le poids des prélèvements sur l'industrie française atteignait en effet 27,9 % de la valeur ajoutée en 2016 contre 17,2 % outre-Rhin, soit un écart de 10,7 points.

Résultat ? La France est le pays qui, avec la Grèce, possède dans la zone euro la fiscalité la plus lourde sur les entreprises par rapport à sa valeur ajoutée.

Avec le plan de relance, le gouvernement baisse de 10 milliards les taxes sur la production, mais c'est moins de la moitié de ce qu'il faudrait faire pour réindustrialiser la France.

Des cotisations de dingue

Quand on parle avec un entrepreneur implanté en France et en Allemagne, on comprend bien pourquoi les salaires les plus élevés sont plutôt en Allemagne. La réponse fuse : les cotisations sont plafonnées !

Les cotisations sociales effectives à la charge des employeurs sont à 14 % de la valeur ajoutée en France contre 9,4 % en Allemagne. Tonnerre de Brest, nos idéologues ont encore frappé ! La progressivité est partout autour de nous, y compris dans les cotisations patronales sur les salaires – et pas sur les cotisations salariales plafonnées par le fameux plafond de la Sécu[1]. Cela

1. 3 428 euros mensuels en 2020.

fausse tout. En Allemagne, c'est simple, les cotisations sont proportionnelles et plafonnées. Par exemple, on ne cotise pas pour le chômage au-delà de 5 500 euros par mois. Que vous gagniez 1 000 euros ou 4 000 euros, le taux réel de cotisations est autour de 20 %. Ce n'est pas du tout le cas en France où les cotisations patronales passent de 6 % à 43 % !

En France, il existe un double seuil, le premier se situant au niveau du Smic et le second à 2,5 Smic. Au-dessous du premier seuil, les charges seraient égales à 6 %, au-delà du second elles seraient de... 43 %, soit 37 % entre environ 2 200 euros et 3 612 euros. En termes absolus, ces mêmes charges seraient de 87 euros dans le premier cas et de 1 553 euros pour 3 612 euros de salaire, soit près de 18 fois plus...

La fiscalité française et le coût du travail pour financer le modèle social sont clairement devenus un jeu de massacre pour nos entreprises. Un jeu qu'il ne faut pas continuer trop longtemps...

Pourtant, on nous serine quoi ? Qu'il faudrait demander des contreparties en échange des cadeaux faits aux entreprises ? Une véritable ineptie. Où sont les contreparties demandées à la SNCF ? On reprend la dette, on finance pour 4,7 milliards la SNCF mais on a encore des grèves ! Étrangement, les contreparties ne valent que pour le privé, pour le culpabiliser alors qu'il finance l'État, et jamais pour le public.

Ne nous étonnons pas que les entreprises allemandes aient consommé seulement 36 milliards de prêts garantis par l'État, quand les entreprises françaises en ont consommé 120 milliards…

La vague des faillites et des délocalisations est donc devant nous !

11

Comment font les autres ?

La France commence donc à avoir un sérieux problème avec sa dette. En 2002, notre pays était à 60 % de dette. Elle a doublé depuis. Évidemment, plusieurs gouvernements sont passés et les conditions ont drastiquement changé. L'inflation particulièrement basse et la perspective de l'émergence d'une dette européenne (« provisoire ») sont des signaux positifs pour les cigales. Pourquoi alors jouer les grincheux, les matamores de la dette publique, alors que tout va bien sous le soleil ? Eh bien tout simplement parce que « gouverner c'est prévoir » et surtout parce qu'il faut se souvenir de la seconde moitié de cette phrase d'Émile Girardin[1] « et ne rien prévoir, c'est courir à sa perte ». Or, toute cette belle mécanique pourrait s'inverser. La zone euro pourrait se noyer in fine sous le torrent de liquidités déversées et se fracturer. La Banque centrale pourrait également devoir « norma-

1. É. Girardin, *La Politique universelle*, 1852.

liser » sa politique monétaire quand les autres grandes banques centrales le feront (on pense notamment à la Federal Reserve américaine, mais pas seulement…) et éviter de relancer ainsi une guerre des monnaies ; enfin, il faut imaginer que l'effet abrasif des taux négatifs a un impact sérieux, on l'a dit, sur l'épargne privée. Pour couronner le tout, les marchés pourraient finir, face à un choc de demande généralisée, par ne prêter qu'aux signatures souveraines les plus fiables… et les plus sûres. Or la France avec ses finances publiques dégradées mais premier émetteur de la zone euro pourrait logiquement souffrir. Et risque de se voir moins bien servie que des pays mieux gérés et qui vont néanmoins emprunter sur les marchés. Bref, il pourrait y avoir une plus grande sélectivité de la demande, ce qui desservirait les pays en ayant le plus besoin, et les moins bien notés.

La technique « hollandaise » c'est quoi ?

Les Pays-Bas se sont reposés sur quatre leviers pour faire baisser la dette publique : un levier de portefeuille – des titres de participation rentables détenus par l'État ont été vendus ; un levier produits financiers afin d'accélérer le désendettement via l'usage de produits structurés ou de cessions de produits à taux variables ; un levier croissance qui a évité d'ajuster trop fort les dépenses publiques à la baisse ; une gestion budgétaire sans faille à tous les niveaux des administrations publiques et notamment au niveau local (baisse de la dette locale de –1,75 point de PIB) et social (–1,82 point de PIB). Étant entendu que les soldes budgétaires des administrations locales et sociales aux Pays-Bas sont à l'équilibre. Rappelons que la branche maladie est détenue par des acteurs privés depuis 2006, l'État versant une contribution de solidarité pour les plus démunis. Par ailleurs, le système de retraite hollandais est composé d'un régime de base public et de fonds de pension complémentaires à prestations définies (85 % des salariés éligibles).

La technique allemande ou la logique du *schwarze Null*

L'approche allemande est sensiblement différente de la logique « batave ». Moins rapide, elle a le mérite de la constance et ce depuis 2011. La dette allemande est composée d'emprunts bancaires très élevés (29 % contre 13,4 % en France) et de seulement 71,7 % d'emprunts obligataires. Par ailleurs, les emprunts obligataires à court terme sont extrêmement faibles, 3,6 % en moyenne, contre 9 % en France. L'Allemagne a réduit drastiquement sa dette. Touchée par la crise entre 2009 et 2011, l'Allemagne réagit très rapidement par la mise en place dès 2010 de son frein à l'endettement, le *Schuldenbremse* qui consiste à réduire ponctuellement les dépenses publiques puis à les faire évoluer au même rythme que les recettes publiques pour le seul budget fédéral, de façon que les recettes et les dépenses se compensent sans recours à l'emprunt. Un plafond de déficit est limité à 0,35 % du PIB. En pleine crise de 2008, l'Allemagne doit faire face non seulement à un endettement important, près de 82,4 % du PIB en 2010, très voisin de la France (85,3 %), mais aussi à des engagements hors bilan qui explosent notamment à cause de la quasi-faillite de nombreuses banques publiques locales allemandes ainsi que de plusieurs caisses d'épargne locales.

L'État allemand ainsi que les *Länder* et les collectivités territoriales ont remis simultanément en ordre leurs finances publiques afin de pouvoir dégager des soldes excédentaires. Cette convergence d'intérêts aboutit à dégager dès 2011 un excédent primaire de + 1,6 % du PIB. Au total, entre 2011 et 2018, la baisse de la dette publique de 18,6 points de PIB est portée par le niveau fédéral à 60 % et à 40 % par le niveau local.

La « bonne gestion » allemande repose donc sur une obligation liée à l'objectif commun de l'État fédéral et des Länder d'éviter l'effondrement du système bancaire local allemand, très investi dans le soutien au tissu industriel.

L'exemple allemand contrairement à l'exemple hollandais montre donc une stratégie de désendettement tous azimuts sur l'ensemble du spectre de sa dette.

Agir sur la politique budgétaire

Première caractéristique récurrente chez nos voisins européens « vertueux » : la mise en place avant tout d'une gestion des finances publiques sans faille. Cela passe par un pilotage équilibré des soldes des différents niveaux d'administrations publiques. On l'a vu avec l'Allemagne et les Pays-Bas, les soldes des collectivités territoriales et de leurs administrations de sécurité sociale sont équilibrés sur l'ensemble de la période étudiée (2010-2019). Cela veut dire que l'État doit progressivement arrêter, comme il le fait actuellement, de « garantir » les autres administrations publiques par des recettes ou des subventions dédiées. Par ailleurs, le sentier de sortie de crise va nécessairement passer par un jeu simultané sur l'offre et la demande. Cela suppose donc de ne pas ajuster à la hausse le niveau des prélèvements obligatoires. La désescalade passera donc nécessairement par une baisse des dépenses publiques.

L'inscription dans la Constitution d'un frein à l'endettement pour l'État central et son extension progressive au champ des finances locales pourraient permettre de boucler le système et de le rendre crédible. Son déclenchement serait associé au retour de la France au sein du volet préventif du Pacte de stabilité européen. Une clause permettrait de suspendre son application en cas de crise.

Anticiper le mur de la dette

L'expérience italienne nous montre que la logique « budgétaire » en dehors de certaines réformes systémiques (comme sur les retraites par exemple) ne produit pas nécessairement des effets massifs à très court terme. Il faut donc lui adjoindre une logique financière. Or on le sait, un mur de 599 milliards d'euros de refinancement va arriver d'ici à 2023 tandis que 706 autres milliards arriveront à échéance entre 2024 et 2030 – et ce, sans même tenir compte du financement des déficits publics liés à la crise actuelle. Il va donc falloir changer de braquet.

Les exemples de la gestion de la dette publique allemande et hollandaise montrent qu'il pourrait être judicieux de sortir rapidement des OATi (obligations à long terme indexées sur l'inflation).

Enfin, il faudra certainement reprofiler la dette à mesure de son refinancement, à des maturités plus longues (30, 50, 80 ans) qu'aujourd'hui afin d'élever la maturité moyenne de la dette à long terme qui est actuellement de 11,1 ans. La dernière fois que la France a emprunté à 50 ans, c'était en 2016 et pour un montant de 3 milliards. On pourrait faire beaucoup plus. Les esprits chagrins expliquent qu'il n'existe pas aujourd'hui d'investisseurs stables capables d'acquérir de la dette publique sur des échéances aussi longues. Pourtant, l'Irlande par exemple a montré que pour des maturités longues, les performances peuvent être exceptionnelles, tout comme l'Autriche et la Belgique[1]. Gageons que les mêmes changeront d'avis quand la BCE annoncera qu'elle rachète les dettes publiques, quelle que soit leur maturité…

1. B. Bouchaud, « Le pari osé des obligations à 100 ans », *Les Échos*, 19 août 2019.

TROISIÈME PARTIE

CE QUI NOUS PLOMBE

12

Les services publics ne sont pas à notre service

La conseillère du ministre le dit crûment mais le constat est clair : « Pendant le pic de la crise sanitaire, l'État a tourné avec 80 % des agents en moins. 20 % ont suffi à faire fonctionner les administrations centrales. À quoi servent les 80 % restants ? » Depuis le premier confinement, 100 000 agents de l'État auraient disparu des radars, selon les informations qui circulent à Bercy.

La crise sanitaire a eu le mérite, s'il faut en trouver un, de mettre un coup de projecteur sur le niveau de service apporté (ou non) par nos administrations. Après coup, c'est quand il a fallu évaluer la perte de richesse nationale liée à la crise que se sont révélés les écarts importants entre les différents pays. Pour ne pas froisser l'administration, l'Insee a dû amputer de 25 % de leur valeur les services publics, ce qui fait chuter la richesse nationale de 3,5 points, alors que l'institut de la statistique publique allemand a amputé de 0 %. Certains se sont gaussés des batailles méthodologiques, mais l'explication est beaucoup plus évidente. L'Allemagne n'a pas compté de baisse de sa richesse en 2020 à cause de l'arrêt des services publics… parce que les services publics ne se sont pas arrêtés en Allemagne.

Le triste constat, c'est que le service du courrier a été mieux assuré en France pendant la Seconde Guerre mondiale que pendant le premier confinement lié à la Covid-19. Il est clair que, lors de cette période, les agents de l'État ont continué à être payés alors que le service rendu était de moindre qualité. Voire inexistant.

Revenons sur La Poste. À l'annonce du confinement, l'entreprise n'a fait ni une ni deux : compte tenu de l'exposition des postiers, il a été décidé de réduire fortement l'activité et entre les 2 % d'agents en droit de retrait et les 25 % d'absentéisme[1], la France s'est réveillée fin mars 2020 avec seulement 1 600 bureaux de poste ouverts sur 17 000 !

Notons qu'en face, toutes les agences bancaires de France et de Navarre devaient continuer à bosser avec 75 % de leurs guichets ouverts en pleine crise sanitaire. Mais cela aurait pu être encore pire car les syndicats, FO et la CGT en tête, demandaient la fermeture pure et simple de toutes les agences postales.

1. Sources internes de La Poste, L'Opinion, 31 mars 2020.

Pendant ce temps-là en Allemagne, 100 % des bureaux de poste étaient ouverts. Quand on interroge maintenant La Poste pour savoir pourquoi nous avons fermé autant de bureaux de poste, la réponse donnée est incongrue : les agents n'avaient personne pour garder les enfants !

Les postiers français ne sont pas les seuls à avoir déserté leurs obligations d'intérêt général. Tous les agents publics ont compris qu'il fallait qu'ils restent chez eux et si 30 % étaient en télétravail, 50 % dans la fonction publique d'État et entre 40 à 50 % dans la fonction publique territoriale étaient payés à 100 % tout en restant chez eux sans travailler. Ce que l'on nomme poétiquement « l'autorisation spéciale d'absence » (ou ASA).

Il faut dire que cette fameuse ASA cumule de nombreux avantages.

Qu'ils soient en télétravail ou en ASA, les agents publics continuent d'accumuler des congés payés. En revanche, pas de RTT. Les syndicats ont bien fait pression sur le gouvernement pour que tous les agents continuent à cumuler des RTT pendant le premier confinement mais cela a été, à juste titre, écarté. Plusieurs syndicats, dont la CFDT, ont déposé un recours contre l'ordonnance permettant de décompter aux agents dix jours de leurs congés ou de leurs RTT dans le cadre de la période d'urgence sanitaire. Heureusement, le Conseil d'État leur a donné tort !

Une autorisation spéciale d'absence difficile à arrêter

Le retour des agents publics au travail est maintenant très difficile.

Résultat ? Voyant que dans beaucoup de collectivités et d'administrations centrales, les agents en ASA ne voulaient pas revenir au travail, le gouvernement a dû prendre les choses en main et faire passer un texte qui stipule bien que les agents ne peuvent plus invoquer ce statut si leurs enfants sont rentrés à l'école. Il faut dire que, fin mai 2020 (alors que le déconfinement a commencé le 11), dans certaines communes, même les mieux gérées, plus de 30 % des agents étaient encore chez eux et nombre de ceux qui étaient en télétravail n'effectuaient que très peu d'heures « pour ne pas perdre leurs RTT », explique un maire désemparé qui souhaite rester anonyme. Il confesse : « Je n'arrive pas à les faire revenir (mais ne me citez pas !). » Gaël Perdriau, le maire de Saint-Étienne, exposait le même problème à l'heure du rappel des troupes : « Il est très dur d'évaluer qui sera là ou non. Potentiellement, ce sont 2 380 agents de la ville sur 3 800 et 412 agents de la Métropole sur 900 qui pourraient faire valoir une autorisation spéciale d'absence (ASA). » À partir du 1er septembre 2020, les agents publics étaient censés ne plus pouvoir être en autorisation d'absence et patatras, le gouvernement annonce mi-septembre avec effet rétroactif au 1er septembre que les parents d'enfants dont les classes ou écoles sont fermées peuvent retourner à la maison ! Une catastrophe pour les managers du public qui s'arrachent les cheveux. Les collectivités, dont beaucoup n'arrivaient toujours pas à faire revenir leurs agents en autorisation d'absence, étaient en train de battre le rappel des troupes mais, avec cette nouvelle annonce, le travail de remobilisation des équipes tombe à l'eau. La réponse a d'ailleurs été immédiate dans certaines administrations après l'annonce de la ministre pour le chômage partiel et l'ASA pour garde d'enfants, nombre d'agents demandant immédiatement à retourner en télétravail à 100 %, 5 jours sur 5.

L'école sans les profs…

On le voit, la garde d'enfants a donc été centrale dans le « décrochage » des agents publics. Le problème, c'est que l'Éducation nationale n'a pas suivi. La continuité du service public des crèches et des écoles n'a pas été mise au centre de la stratégie du gouvernement pour préserver l'activité présentielle de ceux qui ne pouvaient pas télétravailler, qu'il s'agisse du secteur public comme du secteur privé. Or cette absence de service minimum assuré par 1/5e des fonctionnaires français en dehors de l'accueil des enfants des personnels de soins ou des agents prioritaires a eu nécessairement un impact déterminant sur l'activité.

Pourtant l'instruction est obligatoire en France et depuis la rentrée 2020 elle est même obligatoire jusqu'à 18 ans (et non plus 16). Mais il semblerait que, pour beaucoup de professeurs, obligatoire soit devenu facultatif. Un mois après la réouverture progressive des écoles, collèges et lycées (avec des classes réduites limitées à 15 élèves en rotation), 45 % des professeurs n'avaient pas regagné leur établissement et poursuivaient l'enseignement à distance entamé durant le confinement. Et 5 % d'entre eux, soit 40 000 professeurs, demeuraient selon leur ministre en dehors des radars et n'avaient pas contacté leurs élèves pendant toute la durée du premier confinement. Le ministre a bien annoncé qu'il y aurait des sanctions pour ces professeurs « décrocheurs » mais en réalité, rien n'a été fait. Si beaucoup se sont étonnés de la reprise de l'école à la normale (ce qui n'a pas été vraiment le cas) décidé en catastrophe à la demande du Président pour les deux dernières semaines de l'année scolaire, c'est peut-être qu'ils n'ont pas compris les enjeux sous-jacents : si les profs ne reprenaient pas en juin, il y avait de grandes chances que nombre d'entre eux ne veuillent pas revenir enseigner dans les classes en septembre 2020.

L'Allemagne, dont la levée des mesures de restriction des déplacements a été actée le 20 avril 2020 (soit 3 semaines avant nous), a montré une stratégie plus efficace. Pour la réouverture des écoles, le pays a d'abord, lui aussi, procédé par niveaux, mais, à la différence de la France, les décisions décentralisées ont été prises par les ministres de l'Éducation des *Länder*. L'Autriche aussi affichait de meilleures statistiques en matière de retour à l'école puisque 90 % des élèves étaient de retour en classe à temps complet dès le mois de mai 2020.

Pendant ce temps-là, les obligations de sortie du territoire ne sont pas respectées…

Le confinement a ralenti la mécanique de la chaîne pénale. Il a pratiqué un effet de loupe sur les dysfonctionnements de la sécurité intérieure en France : impossibilité d'expulser puisque les pays destinataires étaient eux-mêmes confinés, allègement des peines pour désengorger les prisons, baisse de la surveillance des banlieues pour ne pas mettre d'huile sur le feu, alors que les trafics se réduisent, etc. Et pourtant, les « ratés » ne datent pas d'hier.

En matière de service public livré à lui-même, on se demande au service de qui bossent l'aide sociale à l'enfance et les juges qui ne facilitent pas les choses à la police. Dans le cas du Pakistanais de vingt-cinq ans soi-disant mineur isolé, auteur de l'attentat terroriste devant les anciens locaux de *Charlie Hebdo* le 25 septembre 2020, on voit toutes les limites de nos services publics. L'aide sociale à l'enfance avait un doute sur l'âge du futur terroriste mais le juge des enfants de Cergy-Pontoise a refusé de lui faire passer des tests osseux pour vérifier son âge… Combien sont-ils, ces soi-disant mineurs isolés, pas mineurs du tout, que la collectivité doit prendre en charge, nourrir et vêtir, mais dont on n'a pas le droit de connaître l'âge osseux sous prétexte qu'ils ont des papiers ? Que se serait-il passé si le test osseux avait été pratiqué sur Ali H. ? Où est passé le respect des lois en la matière ?

On estime à partir des fichiers des bénéficiaires de l'AME (Aide médicale d'État) que les étrangers entrés en clandestinité en France pourraient avoir dépassé les 318 106 en 2018, même si l'ensemble des populations en situation irrégulière ne sollicite pas ou n'est pas éligible au bénéfice de cette prestation. Ces statistiques peuvent être complétées par celles du nombre de personnes étrangères contrôlées en situation irrégulière, soit 110 800 personnes en 2018, ou des personnes « régularisées » (admissions exceptionnelles) pour motif humanitaire, soit 30 000 personnes chaque année. Mais il s'agit encore sans doute d'une estimation basse : un récent rapport parlementaire estime entre 150 000 et 400 000 les personnes en situation irrégulière rien que dans le département de la Seine-Saint-Denis, loin des

57 000 bénéficiaires de l'AME dans ce département. Les demandes d'asile s'élèvent à 123 625 en 2018, provenant de 139 pays différents dont 46 838 satisfaites (réfugiés, protection subsidiaire, apatrides), soit 38 %. En moyenne, le pays prononce 90 000 retours à la frontière par an... mais en 2018 seulement 15 677 retours ont été effectifs depuis la métropole. Pourquoi ne pas faire respecter toutes les obligations de quitter le territoire ?

La question qu'on peut légitimement se poser est la suivante : malgré tous les impôts que nous payons, nos services publics sont-ils toujours à notre service ? À l'évidence, non.

13

84 milliards d'euros de trop

84 milliards d'euros, c'est le surcoût de l'administration « à la française ». Oui, le surcoût uniquement, car quand on consulte les chiffres de l'OCDE qui donnent le coût annuel de production des services publics dans les différents pays, on constate que la France a un coût de production en parts de PIB qui est très élevé : 27 % en 2018... quand la moyenne des pays européens (21 pays) est de 23,6 %. L'écart est donc de 3,6 points de PIB, ce qui représente nos fameux 84 milliards d'euros.

Un écart considérable que nous payons collectivement et cela sans pouvoir dire que nos services publics sont meilleurs qu'en Allemagne, en Suède ou en Belgique. D'ailleurs les Français ne sont pas dupes : en 2019, dans un sondage BVA pour la presse régionale, 53 % d'entre eux constataient une dégradation depuis 10 ans. Pourtant, sur cette période, nous avons accru le surcoût de nos administrations de 17 milliards d'euros. Car oui, ce mal français n'est pas nouveau et il a tendance à s'aggraver. Quand on remonte dans le temps, on constate que cet écart était moindre : en 2007, toujours avec les mêmes pays, l'écart n'était « que » de 2,9 points de PIB, soit 67 milliards si on compte en valeur du PIB 2018 (56 milliards en valeur du PIB 2007). D'où l'aggravation de 17 milliards en une décennie.

Ce surcoût de production de nos services publics montre à quel point nous n'avons pas transformé notre modèle public et combien nous sommes suradministrés. Les Allemands de leur côté sont pile dans le chiffre moyen européen avec 23 % du PIB en coût de production de leurs services publics.

Ces 84 milliards d'écart, c'est bon an mal an l'équivalent du déficit habituel de l'État français : 92 milliards de déficit en 2019. Pour rappel, cela représente tout de même 80 % du déficit de la zone euro. Un déficit qui pourrait se résorber si l'on parvenait à produire nos services publics à un coût plus raisonnable… Une rationalisation devenue urgente.

Bref, il est urgent de réformer. Mais par où commencer ? Malheureusement, on l'a bien constaté pendant la crise sanitaire, cette suradministration se retrouve dans l'ensemble de nos politiques publiques. Dans la santé, dans l'éducation, dans la Sécurité sociale, partout, nous avons superposé les niveaux de décision et donc augmenté le coût de nos services publics.

Un rapide coup d'œil permet d'identifier des

dépenses totalement injustifiées. Les coûts de production de la Sécurité sociale sont de 10 milliards de plus par an par rapport à la moyenne des pays de l'Union européenne, tout cela en grande partie à cause de notre double étage entre l'assurance maladie de base et les complémentaires santé. En ce qui concerne l'Éducation nationale, les coûts de fonctionnement de l'enseignement public sont 30 milliards au-dessus de ceux de l'enseignement privé sous contrat. Et si l'on se penche sur la masse salariale publique, elle coûte, en moyenne, 40 milliards de plus que dans les 20 pays comparables en Europe : cela notamment à cause du poids du statut, de l'emploi à vie et d'un temps de travail effectif au-dessous des 35 heures. Tous les ans, des rapports parlementaires, des missions spéciales, des enquêtes de la Cour des comptes ressassent ces problématiques sans que rien ne bouge jamais. Il faut dire que la tâche est colossale… et vraisemblablement décourageante. Emmanuel Macron, à peine élu, voulait moderniser la fonction publique de fond en comble, la rapprocher du privé et réduire les effectifs publics de 120 000 agents : on devra se contenter d'une poignée de postes supprimés (seulement 47 en 2020 !) et de quelques aménagements, bienvenus mais à la marge (notamment des ouvertures, à des profils du privé, de postes haut placés et réservés à des titulaires de la fonction publique).

Mais le plus grave, peut-être, c'est que notre

« modèle français » a complètement délaissé les missions régaliennes. Car, en parallèle d'une surdépense, étonnamment, beaucoup de missions régaliennes se retrouvent sous-dotées ces dernières années : en particulier la sécurité intérieure (et sa police sous-équipée), la défense (et son armée aux matériels de plus en plus vétustes), le pénitentiaire (et ses prisons insalubres et surpeuplées) et la justice (et ses tribunaux délaissés).

Diviser pour mieux régner

Empêtré dans ses statuts (dans les administrations mais aussi à La Poste, à la SNCF, la RATP…) et ses couches en mille-feuille, le service public français tourne sur lui-même et se retrouve parfois en concurrence avec lui-même entre l'État, l'État déconcentré, les collectivités locales et la Sécurité sociale.

La CAF qui traite les mêmes dossiers de demande d'aides sociales que le département, qui lui-même traite les mêmes dossiers que le centre communal d'action sociale, qui lui-même est aligné sur les centres intercommunaux d'action sociale. Combien de fois avons-nous entendu parler du mille-feuille administratif français ? Cela va des aides à la création d'entreprises au niveau de l'État, de la ville, de la région, de la BPI ; du fonds régional à Pôle emploi qui gère les demandeurs d'emploi tandis que le département gère le RSA longue durée et que la région monte ses propres structures d'accompagnement vers l'emploi !

Les échelons interviennent dans quasiment toutes les politiques publiques, de la culture aux transports en passant par le logement, l'éducation et l'emploi. Avec nos 35 000 communes et 1 258 intercommunalités, 101 départements, 18 régions, autant de préfectures que de départements et encore 233 sous-préfectures, on comprend que la France est le pays leader en termes de doublons ! On a d'ailleurs pu assister, en pleine crise sanitaire, à de longs débats entre les maires, les préfets et les agences régionales de santé sur le nettoyage et la désinfection de l'espace public, sur le port du masque – ou non – obligatoire en ville, pour finalement imposer le masque. Que de débats et de temps pour rien.

Ce qui nous coûte cher en fonctionnement, c'est avant tout notre système de protection sociale, l'hydre, non pas à trois têtes mais plutôt à 330. En effet, on compte près de 330 caisses différentes, qui sont autant de guichets. On y retrouve toutes les caisses des régimes de la Sécurité sociale, des agriculteurs (MSA) et des régimes spéciaux, des caisses de retraite complémentaires ou de l'assurance chômage. Ces caisses peuvent elles-mêmes avoir plusieurs guichets : rien qu'en matière sociale, l'annuaire des services publics recense près de 5 000 points de contact dont 928 CAF et 395 « points info famille ». Complexité supplémentaire, les montants des aides sont souvent calculés par un organisme… mais versés par une autre entité. Cela entraîne des échanges fastidieux d'informations et de flux financiers. Par rapport à la moyenne européenne, en termes de frais de gestion de la protection sociale, on pourrait économiser 6 % de ces dépenses, soit entre 6 et 9 milliards d'euros.

Pointée du doigt par les soignants et les élus, la suradministration de notre système de santé est aussi un bon exemple. Les dépenses administratives sont de 14,7 milliards en France, soit 5,6 % des dépenses totales de santé. En Allemagne, seulement 4,6 % du total. 1 point de différence qui nous coûte cher. La gouvernance du système est éclatée entre une nébuleuse d'acteurs dont les mandats sont mal définis : les directions du ministère de la Santé ou la CNAM. En aval, on trouve les agences régionales de santé (ARS), représentants déconcentrés du ministère de la Santé, et les CPAM…

L'ensemble donne un système à la fois ruineux et ingouvernable.

Mais qui pilote ?

Le ministère des Affaires sociales s'appuie sur 14 directions nationales, dont les puissantes directions générales de la santé, de la Sécurité sociale et de l'offre de soins. En aval, on trouve les 18 agences régionales de santé (ARS) avec leurs 7 000 agents, représentants déconcentrés du ministère de la Santé et les 102 caisses primaires d'assurance-maladie (CPAM), qui représentent l'Assurance-maladie gérant la médecine de ville. Les ARS ne sont pas en réalité une organisation décentralisée où les élus locaux pourraient avoir leur mot à dire. Leur action est pilotée depuis Paris, au sein des ministères sociaux – le secteur affaires sociales-santé représentant le gros des effectifs « en centrale ». Sans compter le pilote *bis* que constitue la Caisse nationale d'assurance maladie. Avec ses 2 200 salariés dans son seul organisme de tête et ses 70 000 salariés dans ses branches locales (la moitié des effectifs de la Sécurité sociale[1]). Son directeur est une sorte de ministre de la Santé *bis*.

La santé est mal gérée, trop administrée, trop rigide, trop centralisée, les statuts trop corsetés et les agents légitimement désespérés, mais on continue en dépensant plus et mal, en opposant public et privé, médecine de ville et hôpital, en envoyant des malades à l'autre bout de la France alors que des lits de cliniques sont vides dans la même ville… Ce qui ne nous empêche pas de demander à nos voisins allemands d'accueillir nos patients alors qu'ils n'ont pas de statut à

1. Rapport « Emploi », Uncanss, 2017.

vie dans leurs hôpitaux et que tout est géré au niveau régional ! Cela finit par se savoir.

En vérité, nous marchons sur la tête, soumis et velléitaires face à toutes ces dérives qui ne font que s'aggraver.

14

Les absurdités administratives nous tirent vers le bas

Le télétravail « partout où c'est possible » ou le télétravail obligatoire ? Nul n'y comprend plus rien. Surtout que la ministre du Travail en remet une couche : « Le télétravail n'est pas une option ! ». Et les inspecteurs débarquent dans les bureaux avec une vision souvent dogmatique, prêts à dégainer remontrances et... sanctions.

Sur tous les sujets, la CFDT est en embuscade : elle demande des contreparties aux entreprises. Selon son secrétaire général Laurent Berger, il faudrait demander l'avis du CSE – l'ex-comité d'entreprise – pour obtenir une baisse de quelques milliers d'euros des impôts de production dans une PME. C'est absurde ! Et ce d'autant plus qu'il existe déjà aujourd'hui la base de données économiques et sociales qui présente au CSE toutes les aides publiques dont bénéficie une entreprise. Des contraintes et des contraintes pour pouvoir bénéficier de mesures pour ne pas mourir. Voilà où nous en sommes.

Pas de présomption d'innocence !

La crise sanitaire a par exemple immédiatement impacté les compagnies aériennes, pratiquement interdites de vol. L'effondrement de leur chiffre d'affaires a provoqué un risque de faillite à court terme ; l'Association internationale du transport aérien (IATA) a évoqué un cumul de pertes de 84 milliards de dollars en 2020 contre 31 lors de la crise de 2008. Il faudra plusieurs années pour espérer retrouver le trafic de 2019, et le nombre de compagnies devrait diminuer. La France, comme d'autres États, s'est tout de suite préoccupée de la survie financière de sa compagnie nationale, en accordant un prêt de 7 milliards d'euros à Air France de notre côté. Et jusqu'à 4 milliards d'euros pour KLM, côté hollandais.

Au-delà des compagnies, vient l'industrie aéronautique. Celle-ci a été touchée plus lentement mais le sera beaucoup plus durablement. Premier problème, les commandes sont en chute car les compagnies n'auront pas besoin d'avions supplémentaires avant au mieux 2023. Second problème, le maintien ou non des effectifs. Car contrairement aux compagnies qui pourront facilement retrouver du personnel formé sur le marché, le problème des constructeurs et de leurs sous-traitants est le maintien des compétences.

Alors, le gouvernement a mis sur la table un plan de soutien de 8 milliards d'euros dont 1,5 milliard est réservé à la « réduction des émissions de CO_2 » : résultat, plan d'aide ou mesure de contrainte, on ne sait plus trop. Le gouvernement met une telle pression écologique sur Air France pour réduire de 40 % ses vols en métropole d'ici à 2021 que des lignes sont menacées de disparaître. Adieu la liaison Paris-Bordeaux ? Cela n'a pas de sens quand on voit l'importance de cette liaison pour l'aéroport de Mérignac, mais aussi pour l'industrie aéronautique et de défense. Les passagers des vols Paris-Pau et Paris-Brive ont eux aussi du souci à se faire. Airbus également, car le besoin d'avions court courrier (A220 et A320neo) qui sont un point fort de sa ligne de produits va mécaniquement baisser. Et les grands aéroports français de correspondance (Roissy, Orly…) deviendront moins commodes à atteindre en train que leurs concurrents européens en avion. Autant se tirer une balle dans le pied.

Autre domaine, autre contrainte : les mesures d'aide en faveur de l'apprentissage ne pourront être utilisées dans les entreprises de plus de 250 salariés que si elles accueillent un quota de 5 % d'alternants (si le quota n'est pas respecté, les boîtes payent déjà un « malus », forme de surtaxe de la taxe d'apprentissage). Or cela reviendrait à embaucher plus de 200 000 alternants supplémentaires en 2021, ce qui est impossible dans le temps imparti. Ainsi, alors que 2019 était une année record en termes d'augmentation, ils n'avaient crû que de 50 000 (+ 16 %) pour un total de 491 000 apprentis. Le fait que le gouvernement se repose, une fois de plus, sur cette contrainte, voire cette menace du malus, en venant à l'aide au secteur, met à mal ce plan de relance et fait douter de son engagement, d'autant que les entreprises de plus de 250 salariés, en 2015, 2017 et 2018, ne représentent que 18 % des signatures de nouveaux contrats d'apprentissage : 82 % des nouveaux contrats d'apprentissage sont donc signés dans des entreprises de moins de 250 salariés et même 35 % dans des entreprises de moins de 5 salariés.

Pour limiter la transmission de la Covid-19 au déconfinement, le gouvernement a planché sur un protocole sanitaire. Plus de 60 pages de règles souvent inapplicables pour les entreprises dont les entrepreneurs se demandent bien comment ils ont pu accepter ça. Eh bien, ils n'avaient pas trop le choix, c'était ça ou prolonger les fermetures. Une prise de conscience bienvenue est intervenue fin juin 2020 avec une simplification du protocole sanitaire mais ce dernier était, alors, toujours long de 14 pages. Complexité, quand tu nous tiens.

Tous des profiteurs (potentiels)

Il faut dire qu'alors que nos administrations ont montré leur manque d'agilité dans la crise sanitaire, on croit halluciner en considérant le nombre d'absurdités qu'elles inventent malgré la situation économique dramatique de la France. Plus que des faillites et du chômage, l'État a peur des abus que pourrait entraîner son soutien à l'économie. Alors, chaque jour, il imagine des contraintes qu'on ne retrouve nulle part ailleurs… sauf lorsqu'il est lui-même concerné. Car l'État n'accepte guère d'offrir des contreparties à l'aide qu'il reçoit (s'octroie ?). Accepter de mieux gérer nos finances publiques en échange des rachats de dette par la BCE ou de futurs prêts européens ? Le gouvernement ne veut pas en entendre parler ! Mais quand il s'agit de ses propres citoyens, la musique n'est pas la même. Nous, Français, et nos entreprises, devons en permanence nous justifier.

Même quand l'État s'efforce de faire preuve de souplesse, cela frise le ridicule. Pour aider les restaurants, on peut maintenant payer en tickets-repas jusqu'à 38 euros (c'était 19 euros auparavant). Mais pourquoi ne pas tout simplement faire sauter ce plafond alors les Français ont accumulé en télétravail 3 mois de tickets-restaurant ? N'avons-nous pas mérité de pouvoir employer comme bon nous semble ces tickets non utilisés pendant le confinement ? Cela sauverait plus de restaurants… Mais non, ce serait trop simple. Fin avril 2020, le gouvernement annonçait d'ailleurs vouloir autoriser l'utilisation des tickets-repas pour faire ses courses en relevant le plafond de 19 à

95 euros par semaine, notamment pour aider les ménages dont les revenus auraient baissé… mais le décret n'a jamais été publié. Apparemment, il ne faudrait pas trop simplifier la vie des Français.

Les patrons, forcément fraudeurs

En France, pendant la crise, c'était soit travail, soit chômage partiel : l'entre-deux n'existe pas. Pourtant la fraude détectée semble faible : 225 millions d'euros estimée sur 30 milliards d'euros engagés (0,75 % en septembre 2020). Voilà sur quelle absurdité le ministère du Travail a parié en appelant quasiment à la délation les salariés qui considéreraient qu'ils ont trop travaillé alors qu'ils étaient en chômage partiel. Une incitation qui en dit long sur la confiance qui règne entre l'administration et les entreprises. Pourquoi, dans ces conditions, le même État est-il si aimable et si souple avec les agents publics qui ne veulent pas reprendre le travail tout en étant payés, qu'ils soient agents de l'État ou des collectivités ?

Pour dénicher les fraudeurs, 50 000 contrôles ont été lancés pendant l'été 2020. Les inspecteurs du travail sont à la fête, ils ont pu contrôler tous azimuts ! Nombre d'heures, salaires gonflés, employés fictifs, soupçons de télétravail… Les inspecteurs ont épluché les plannings, les emails, les temps de connexion et ont contrôlé les téléphones portables des employés sur la période concernée… Ils ont pu aller très loin dans l'analyse. Par exemple, pour le cas d'une fraude aux congés maladie, ils pourront croiser les fichiers avec d'autres organismes comme la CPAM, la Sécurité sociale, pour savoir s'ils touchent des allocations d'activité partielle, et en même temps d'arrêt maladie. En cas d'erreur de la part d'une entreprise, celle-ci s'expose à des sanctions administratives et pénales : jusqu'à 2 ans de prison et 30 000 euros d'amende.

Sont aussi prévues des sanctions administratives, notamment le fait d'être exclu pendant une période maximale de 5 ans des aides publiques, dont l'aide pour les activités partielles. L'État peut aussi demander le remboursement des aides accordées dans les 12 mois précédant le procès-verbal.

Résumons. L'État vous ordonne de stopper votre activité économique en urgence en raison de son imprévoyance face à la Covid-19. Puis, certes, il vous aide, mais il y a loin de la coupe aux lèvres : derrière les chiffres impressionnants annoncés, il y a, pour chaque entrepreneur, des conditions, des contrôles, des freins d'ordre idéologique et pour un résultat répressif négligeable. Est-ce ainsi qu'on espère sauver l'économie française ?

15

L'État numérique inexistant

Il a fallu attendre 2020 pour qu'on parle sérieusement d'expérimenter une carte Vitale dématérialisée qui permette de vérifier l'identité de celui qui dit être assuré social en France et de s'assurer que l'allocataire détient bien un compte bancaire en France !

La très lente numérisation à la française

16e sur 28… la France n'est pas vraiment au top en matière d'État numérique en Europe. 12e sur 28 si l'on se penche exclusivement sur les services publics numériques. Cela d'après l'indice relatif à l'économie et à la société numérique (DESI – *Digital Economy and Society Index*) qui suit les performances numériques des États membres de l'Union. Depuis plusieurs années nous oscillons autour de la moyenne européenne : un coup en dessous (2018), un coup au-dessus (2019) et de nouveau en dessous (2020). Une marelle avec la

Lituanie, la Lettonie et la Slovaquie quand le peloton de tête se compose de la Finlande, de la Suède et du Danemark. Sont évaluées la connectivité, les compétences numériques, l'utilisation d'Internet par les particuliers et l'intégration des technologies par les entreprises et les services publics. La France obtient une note moyenne en ce qui concerne le service public, ce qui reflète ses difficultés à transformer numériquement l'État. Difficultés qui se sont fait ressentir lors de la crise de la Covid-19.

Pourtant ce n'est pas faute d'avoir (un peu) essayé. Les gouvernements français successifs ont mis en place une diversité de programmes, de mesures, de plans et de logiciels, dans le but de moderniser et de numériser l'administration française. Cela a commencé en 1998 avec la création du programme d'action gouvernemental pour la société de l'information (PAGSI) et de programmes pluriannuels de modernisation (PPM), mais ce n'est qu'en novembre 2000 qu'est créé le portail de l'administration, service-public.fr, que l'on connaît encore aujourd'hui.

Entre 2004 et 2007, un plan ADELE (pour administration électronique – car si notre administration peine à se moderniser, elle excelle pour nommer ses plans à coups d'acronymes) organise le passage aux démarches à distance pour 140 mesures et crée une Agence pour le développement de l'administration électronique (ADAE). En 2005, une ordonnance encadre (enfin) les échanges de mails entre les administrations et les usagers. En 2012, c'est un plan « France numérique 2012 » qui est lancé pour dématérialiser 76 % des procédures, créer data.gouv.fr, la plateforme des données officielles, ainsi qu'un secrétariat général à la modernisation de l'action publique. À partir de 2014, cela s'accélère, le gouvernement en place veut nous proposer un « choc de simplification » : 40 nouvelles mesures de simplification des démarches administratives sont ouvertes pour les particuliers ; l'année suivante, un service numérique (SVE) est ouvert pour permettre de saisir par voie électronique les administrations d'État. En 2016, c'est la création de « France connect » permettant d'avoir accès aux services publics en ligne notamment pour les impôts et les allocations et en 2017, l'État lance un (nouveau) programme « Action publique 2022 » avec un objectif de dématérialisation à 100 % des 250 démarches les plus fréquentes d'ici à 2022 (70 % étaient déjà réalisables en ligne). Cette année marque aussi la dématérialisation des procédures de délivrance des titres, cartes d'identité et passeports auprès des préfectures.

Enfin, en 2018, Édouard Philippe lance un (nouveau) grand plan d'investissement de 700 millions d'euros sur 5 ans pour organiser la transformation numérique des ministères, notamment en matière de santé (télémédecine), de justice, de sécurité et d'enseignement (inscription scolaire en ligne dans le secondaire). Le budget alloué doit aussi couvrir le renouvellement des équipements numériques à la disposition des agents publics ainsi que la création d'un « Lab IA » interministériel afin d'accompagner les administrations dans le déploiement de leurs projets d'intelligence artificielle. Mais la mesure la plus importante reste celle de la poursuite du programme « Dites-le-nous une fois » qui doit permettre à un citoyen de ne jamais avoir à envoyer deux fois la même information à l'administration. Quiconque a eu affaire à l'administration française ces dernières années sait que cette mesure est encore à l'état de vœu pieux.

Et malgré tous ces plans et programmes, la France est toujours en retard sur ses voisins européens.

En mars 2020, pour passer la crise sanitaire, le télétravail dans l'administration publique devient obligatoire par défaut lorsque la présence sur le terrain des agents publics n'est pas strictement nécessaire. Or, que constate-t-on en pratique ? Que le déploiement des outils numériques a été très inégal suivant les ministères. En interne, on explique : « On fait du mieux qu'on peut avec les outils qu'on a. » En effet, bien souvent les agents n'ont pas d'accès à distance au système d'information de leur administration, ni à ses différents outils. Par ailleurs, lorsqu'ils existent, ces outils ont souvent des fonctionnalités insuffisantes et ne résistent pas à la surcharge de connexions. On est plutôt dans le crash test permanent que dans la e-administration.

Déjà, il y a une règle selon laquelle les agents publics sont censés télétravailler uniquement avec des logiciels développés en interne en open source. Sauf que cette règle a vite volé en éclats à l'épreuve du confinement. Ainsi Webconférence ou Tchap pour la messagerie instantanée ont enchaîné les bugs et les agents ont vite été obligés de se tourner vers les éditeurs privés. Ainsi, Discord et Framasoft ont remplacé les progiciels saturés de l'Éducation nationale. Et tandis que le ministère déconseillait fermement l'utilisation de Discord, Zoom, voire Skype… les parlementaires les utilisaient pour leurs auditions notamment. Enfin, si la plateforme « Ma classe à la maison » devait permettre aux élèves d'avoir accès à du contenu pédagogique, aucune indication n'a été donnée aux enseignants sur la manière de l'intégrer à leurs cours à distance. Résultat, chaque professeur a été libre de gérer son enseignement en ligne comme il le souhaitait. Certains ont juste envoyé des mails, d'autres ont fait cours en visio et si Zoom était officiellement « interdit » par le ministère pour des questions de sécurité des données, aucun contrôle n'a pu être opéré et certains chefs d'établissement le recommandaient de leur côté. Confusion générale.

Pour faire face à ces problématiques, la direction générale de l'Administration et de la Fonction publique (DGAFP) a expliqué que les nouveaux usages en dehors du cadre réglementaire légal sont en pratique autorisés, en cas d'urgence. La crise qui a vu jongler solutions en ligne et développements maison montre en tout cas que chaque administration a essayé de s'adapter tant bien que mal… mais certains services ont été complètement mis à l'arrêt, comme la justice ou les trésoreries locales. Pendant le confinement, aucun permis de construire n'a été étudié. Pendant cette période, l'administration française, dont la réactivité et la rapidité d'exécution ne sont certes pas légendaires, a accumulé beaucoup de retards dans des services qui auraient dû continuer à tourner. Cette crise sanitaire est révélatrice du manque de maturité des solutions numériques proposées par la puissance publique. Un retard qu'il faudra d'urgence combler. Et pour voir une e-administration qui fonctionne, il suffit de s'intéresser à l'Estonie.

Bienvenue en e-Estonie

Dès sa sortie de l'URSS, le pays a misé sur l'informatique pour tout construire, se moderniser et faire fonctionner ses services à moindre coût. S'il faut encore sortir de chez soi pour se marier, divorcer et acheter une maison, pour le reste, les Estoniens s'en remettent à leurs claviers et smartphones pour payer leurs impôts, déposer une plainte et la suivre, récupérer des médicaments et des prescriptions, payer le stationnement (et les amendes en cas d'oubli), demander une subvention, percevoir des aides, suivre les résultats scolaires de leurs enfants, créer une entreprise, mais aussi pour voter. 98 % des Estoniens ont une carte de vote électronique et toutes les cartes d'identité sont électroniques depuis 2001. Lorsqu'un enfant naît, l'hôpital le déclare et les parents reçoivent un mail de félicitations de la part du gouvernement... Le pays est allé encore plus loin en 2004 en créant le statut d'e-résident qui permet à un étranger de créer son entreprise en Estonie et de la gérer à distance : 33 000 personnes sont concernées, notamment les créateurs de start-up (le pays en détient le plus grand nombre par habitant en Europe, dont Skype).

Mais attention, État numérique ne veut pas dire État Big Brother : pour que cela fonctionne, il a fallu obtenir la confiance des citoyens qui ont accès à tout moment au transit de leurs informations personnelles et peuvent demander des précisions (500 millions de demandes par an) et porter plainte s'ils estiment qu'il y a abus (700 plaintes par an). Avec un tel niveau de numérisation, les problématiques nationales ne sont pas les mêmes : en 2007, en pleine crise avec la Russie, le pays a dû déjouer un piratage qui a bloqué les services pendant 2 semaines et en 2018, l'Estonie se créait une « *data embassy* » au Luxembourg pour sauver son système et les données de ses citoyens en cas d'invasion. L'Estonie estime économiser 2 % de son PIB grâce à cette numérisation des services publics. À l'échelle de la France, cela représenterait 47 milliards d'euros d'économies.

QUATRIÈME PARTIE

SAUVONS L'ÉTAT MALGRÉ LUI

16

Sortir le Parlement de l'aveuglement

Notre Parlement n'a jamais été autant relégué au rang de spectateur aveugle que depuis la crise sanitaire de 2020. La seule chose que lui demande le gouvernement ? Voter les lois d'urgence qui donnent à ce dernier les pleins pouvoirs. Cela ne se passe pas ainsi dans les autres grands pays d'Europe, qui décident de toutes les restrictions de libertés publiques avec le Parlement et les régions. Quand le Sénat réclame des points d'étape sur le confinement, l'exécutif est scandalisé !

Le printemps de l'évaluation, c'était le nouveau nom cosmétique pour dire que le Parlement fait son travail. Inventé par de jeunes parlementaires ambitieux, le projet ronflant n'aura pas duré longtemps : en 2020, il a déjà disparu « à cause de la crise sanitaire » alors qu'au contraire, c'est maintenant qu'on aurait le plus besoin de parlementaires qui font leur travail d'évaluation des politiques publiques. La réunion qui a décidé d'enterrer en grande pompe la mission d'évaluation du Parlement s'est tenue le… 1er avril. Cela pourrait être drôle si ce n'était pas si triste.

Pendant ce temps-là, la députée et la sénatrice qui voulaient évaluer au sein de leur mission d'information le montant annuel de la fraude sociale se faisaient balader d'administration en administration. Et arrivaient à la conclusion que la fraude était… inchiffrable, étant donné la mauvaise volonté des divers organismes pour leur répondre. À la suite de cela, une commission d'enquête a été créée à l'Assemblée nationale et, après avoir consulté les mêmes administrations, a conclu qu'elle ne pouvait pas chiffrer non plus et que la fourchette de fraude est entre 10 à 50 milliards d'euros par an ! Bref, on tourne en rond.

Députés baladés par les administrations

Nos députés demandent à avoir accès à des données qu'on leur refuse et, quand ils publient leur rapport, c'est tout juste si on ne les traite pas de menteurs ! Pendant ce temps-là, au fil des auditions, les administrations changent les chiffres allègrement comme sur le sujet des cartes Vitale en surnombre qui étaient 5 millions puis 2 millions puis 600 000, puis moins de 200 000… Comment avoir confiance face à des données aussi mouvantes ? Heureusement, les parlementaires ont, finalement, compris qu'ils étaient ridiculisés par l'administration. Et, pour la première fois, des députés veulent attaquer pénalement trois directeurs d'administration pour avoir produit sous serment des chiffres mensongers sur la fraude aux prestations lors d'auditions. Sont concernés : Mathilde Lignot-Leloup, directrice de la Sécurité sociale du 14 juin 2017 au 12 juin 2020 et Nicolas Revel, ancien directeur de la Caisse nationale d'assurance maladie, sur le nombre de cartes Vitale actives en circulation, ainsi que le directeur de la Sécurité sociale depuis le 12 juin 2020, Franck Von Lennep, sur le nombre de bénéficiaires à droits ouverts.

Portion congrue

Pour le budget de l'État 2021, l'Assemblée nationale devait avoir deux jours seulement pour modifier et relire les centaines de pages envoyées par Bercy. Les parlementaires ont dû écrire pour réclamer plus de temps ! Finalement, le gouvernement leur accorde deux jours de plus. Soit quatre jours pour faire un travail qui mériterait bien plus d'une semaine… En 2019, c'était six jours, en 2018, onze.

Certes, la période est exceptionnelle, mais le budget 2021 est lui aussi exceptionnellement complexe puisqu'il porte le déploiement du plan de relance de 100 milliards d'euros. Un vrai casse-tête budgétaire qui demandait au moins 10 jours d'examen. Clairement, l'administration bosse en solo et le Parlement est de moins en moins consulté sur la gestion du pays. Comment expliquer alors que la loi de programmation des finances publiques soit encore aux abonnés absents ? Sans elle, nos parlementaires sont laissés dans le brouillard quant à l'évolution des finances publiques entre 2021 et 2024. De toute évidence, leur avis ne compte guère. Et c'est grave, car leur avis, c'est le nôtre.

La solidité de notre démocratie parlementaire est donc engagée par cette épreuve. Cette année, le droit d'amendement au Parlement sera réduit à sa plus simple expression. La théorie parlementaire repose sur l'autorisation du budget. Comme le disent les Anglo-Saxons, « *no taxation without representation* ». Nous entrons ici dans une gestion administrative du budget qui ne dit pas son nom et qui s'aggrave d'année en année.

Et le pouvoir du Parlement est grignoté de tous les côtés.

Quand les citoyens sont tirés au sort pour remplacer le Parlement élu

La démocratie, trop *has been* ? Apparemment. Maintenant, quand nos dirigeants cherchent de nouvelles idées, ils lancent des conventions citoyennes. Comme s'il ne suffisait pas d'élire 577 députés, d'avoir 348 sénateurs et d'avoir le plus grand nombre d'élus locaux du monde[1]. Non, il faut encore créer une couche de plus qui coûte aux citoyens, et tout ça généralement pour rien. La dernière en date ? La Convention citoyenne pour le climat. Une bagatelle de 5 millions d'euros pour singer la démocratie et faire des propositions dont, peu à peu, le président de la République avoue qu'il ne veut pas.

Il faut dire que la Convention propose ainsi de rétablir l'ISF, de rajouter une nouvelle tranche de l'impôt sur le revenu, d'augmenter la taxation des revenus du capital. Et, cerise sur le gâteau : d'ajouter une majoration ciblée de la taxe carbone pour 3 milliards d'euros minimum. Cette même taxe carbone qui a déclenché le mouvement des « gilets jaunes » et… donné lieu à la création de la Convention citoyenne sur le climat. Ou comment recycler des vieilles lunes.

Pour en arriver là, on comprend que les 150 citoyens ont eu de superbes briefings sur comment sauver la planète (avec beaucoup d'impôts) et moins sur l'état de nos finances publiques. Visiblement, ils ne savent pas que la France est le pays le plus taxé du monde.

Le risque de cette pratique ? Faire entendre aux citoyens que la démocratie directe va finir par se substituer à la démocratie parlementaire. D'autant plus que le gouvernement n'en est pas

---

1. Voir Agnès Verdier-Molinié, *En marche vers l'immobilisme,* Paris, Albin Michel, 2018.

à sa première consultation citoyenne (on a eu les retraites, la transformation publique, l'énergie...).

Dans un pays qui va mal comme la France, il est très étonnant de confier des sujets aussi stratégiques à des personnes tirées au sort. Il est encore plus étonnant, quand on voit la vague de chômage qui monte, de voir la France se perdre en conjectures pour savoir s'il faut réduire ou non la vitesse à 110 km/h sur l'autoroute ou s'il faut réduire le temps de travail à 28 heures par semaine. Un vrai gâchis.

Un Parlement qui vote à l'aveuglette

L'État, c'est nous. Pas 150 citoyens tirés au sort. C'est nous qui créons la richesse, nous qui supportons les lois et surtout c'est nous qui payons l'addition des pots cassés à cause des mauvaises décisions. Nous tous donc. 67 millions de Français, c'est pour cela que nous élisons un président au suffrage universel et 577 députés. D'ailleurs nous sommes l'un des pays qui élisent le plus de représentants nationaux : 1 parlementaire représente, en moyenne, 70 000 Français. Au Royaume-Uni, 75 000. En Allemagne, 113 000. Aux États-Unis, plus de 130 000.

Sauf que nous avons aussi l'un des parlements les plus pauvres en pouvoir, car les informations qui remontent à l'Assemblée nationale et au

Sénat sont malheureusement incomplètes, à la fois sur la dette, sur la fiscalité et sur l'utilisation des deniers publics. Finalement, le Parlement passe beaucoup de temps sur des sujets annexes mais quand il s'agit de la dette par exemple, on a juste droit à... une mission flash ! Et certains se demandent encore pourquoi nos parlementaires ne sont plus respectés ?

Mission flash qui n'est pas portée par des élus d'opposition mais bel et bien par le rapporteur général du budget lui-même, membre de la majorité qui a voté l'endettement général. Bonjour la neutralité. La dette française et sa gestion post-Covid-19 auront donc été auditées par la majorité globalement solidaire de Bercy et avec des informations tenues secrètes par l'administration, notamment celle-ci : qui détient la dette française ? Ça, les parlementaires, et donc nous, tous les Français, nous n'avons pas à le savoir d'après Bercy. En revanche, c'est bien nous qui allons payer la facture.

Sur ce sujet, la communication de l'Assemblée est... intéressante : « La dette, ses composantes et les enjeux qui s'attachent à la question de son financement présentent une complexité qui impose à la représentation nationale qu'elle se saisisse pleinement du sujet, et qu'elle fournisse un indispensable travail de mise en lumière afin de clarifier les termes du débat. » Il a fallu attendre de dépasser les 100 % de dette pour que le Parlement réagisse sur cette question. Hallucinant. Jusqu'à présent, nos députés se contentaient donc de voter uniquement (et automatiquement) sur un plafond de la dette négociable de l'État dans la loi de finances. Voilà qui n'est pas très rassurant.

En 2020, le Parlement français en est au stade de « s'approprier le sujet » de la dette. A contrario, en Allemagne, lever l'interdiction faite à l'État de s'endetter au-delà de 0,35 % de son PIB demande de passer par une majorité des trois cinquièmes au Parlement. C'est le Parlement allemand qui tient de facto les cordons de sa bourse. Alors que chez nous, c'est clairement Bercy.

Et quand les parlementaires demandent à participer aux conférences de performance organisées sur le budget par l'exécutif, le gouvernement y est hostile au motif… de la séparation des pouvoirs. Sur le plan de relance encore une fois, le gouvernement publie ses résultats département par département, mais c'est au Parlement d'évaluer l'action de l'exécutif et pas à l'exécutif de se donner à lui-même des satisfecit non évaluables et non vérifiables.

Par exemple, comment se fait-il que le Haut-Commissariat au plan récupère France Stratégie et ses 15 millions d'euros de budget à son service alors que dans le pays le plus dépensier, le plus taxé, parmi les plus endettés au monde, l'urgence est que France Stratégie travaille directement pour le Parlement ? N'oublions pas que la mission constitutionnelle (article 24) de celui-ci est d'évaluer les politiques publiques, et que son objectif numéro un, à l'heure actuelle, quand les caisses sont vides, devrait être d'évaluer l'efficience de chaque euro de dépense aux niveaux central, social et local ?

Peut-on vraiment penser que cette exhumation de la planification en 2020 va améliorer la situation de la France dans les prochaines années ? Le risque est grand qu'il s'agisse d'une administration de plus pour penser l'État à l'intérieur de l'État, et cela dans une France déjà suradministrée.

De façon réaliste, Pierre Moscovici, le nouveau premier président de la Cour des comptes et président du Haut Conseil des finances publiques, plaide devant la commission des finances de l'Assemblée nationale : « Je constate que notre mandat est significativement plus réduit que celui de nos homologues européens et significativement insuffisant pour assurer de façon pleinement indépendante la trajectoire budgétaire de nos finances publiques[1]. » En langage feutré, il y a urgence par les temps extrêmement troublés que nous connaissons, notamment s'agissant de la soutenabilité de la dette, que les parlemen-

1. Voir l'allocution du 28 septembre 2020, Assemblée nationale, commission des finances, 28e minute et suivantes. http://videos.assemblee-nationale.fr/video.9544277_5f71ce8d65335.commission-des-finances--m-pierre-moscovici-president-du-haut-conseil-des-finances-publiques--m-28-septembre-2020.

taires se dotent enfin d'un organisme de surveillance capable d'effectuer ses propres chiffrages sur le réalisme des documents budgétaires qui lui sont présentés. On aurait presque envie de dire : afin de cesser de « berner » la représentation nationale.

Le Parlement, pour sortir de son aveuglement, doit exiger de pouvoir se doter d'une cellule de chiffrage pouvant rivaliser avec Bercy, doit exiger des administrations les réponses aux questions des parlementaires et, pour la sortie de crise, un veto automatique si l'effort de redressement des finances publiques n'est pas au rendez-vous. Penser la France de 2030 sans mobiliser le Parlement pour la baisse des dépenses et des impôts et le contrôle de la dette n'a aucun sens.

17

Baisser enfin les impôts et les dépenses

Le gouvernement nous dit qu'il a baissé les impôts de 45 milliards ? C'est faux. Les impôts n'ont quasi pas baissé. Malgré la crise, le montant des impôts augmente même en France ! En 2017, la totalité de la recette des prélèvements obligatoires était de 1 036 milliards, en 2021 elle sera de 1 054 milliards. Pourtant, entre les deux, on ne peut pas dire qu'on ait eu beaucoup de croissance ! La réalité est bien plus simple : il n'y a pas de baisse réelle d'impôts en France. Au niveau de l'OCDE (donc au niveau mondial), on reste les premiers en poids de l'impôt par rapport à la richesse nationale.

La clé pour sortir par le haut de la situation terrible dans laquelle se trouve l'économie française ? Une politique qui encouragerait à la fois l'investissement des ménages et celui des entreprises. Et cela passe par sortir de la logique confiscatoire en baissant les impôts et en rendant du pouvoir d'achat et d'investissement aux ménages et aux entreprises. Parce que baisser (vraiment) de 40 milliards les impôts cela veut dire qu'en face, il faut baisser de 40 milliards les dépenses et ça, au niveau de l'État, ça coince. Nous n'avons pourtant plus le choix.

Libérer les Français des impôts

Pendant la période de confinement, le ministre de l'Économie, Bruno Le Maire, s'est désolé de voir l'épargne des Français se placer en masse sur le livret A au lieu de s'orienter vers les entreprises, mais il semble occulter cette vieille habitude qu'a Bercy de flécher le capital vers le risque entrepreneurial mais… à condition que les montants soient dérisoires.

Donc, en la matière, Bercy a gagné depuis longtemps, et presque plus personne ne finance, avec son impôt sur le revenu, les TPE et PME françaises. Pourtant, il n'y aurait que quelques mots à dire pour que cela marche : « Pas de plafond pour l'investissement productif. » Il faut continuer malgré les réticences de Bercy à pousser dans ce sens, des milliers d'emplois sont en jeu.

Libérer les entreprises (de leur boulet fiscal)

Annuler des charges et des impôts, permettre de reporter en arrière les pertes sur de plus nombreuses années, mettre fin provisoirement aux privilèges du Trésor et des Urssaf qui se servent en premier, bien avant les autres créanciers qui sont souvent des TPE ou PME sous-traitantes.

Cela passe aussi par une baisse plus importante de la fiscalité de production pouvant aller jusqu'à 25 milliards d'euros, une baisse de l'impôt sur les sociétés pour 5 milliards d'euros. Enfin, une baisse des cotisations sur le travail pour les travailleurs qualifiés (au-delà de 1,6 Smic) pour 7,5 milliards d'euros et un allègement du forfait social pour 2,5 milliards d'euros.

Toutes ces mesures peuvent permettre la création de plus de 400 000 emplois...

Libérer le patrimoine (et les successions)

D'autres pays l'ont bien compris, la Suède notamment : on n'attrape pas les mouches avec du vinaigre ; surtaxer les successions et donations comme le fait la France est contre-productif pour notre économie. C'est maintenant qu'il faudrait décider d'un moratoire en matière de taxes et non d'une usine à gaz comme le propose le gouvernement juste pour une donation de 100 000 euros à condition de faire des travaux dans sa résidence principale ou d'investir dans sa propre entreprise.

Pour nous ramener dans la moyenne européenne, c'est jusqu'à 7,5 milliards d'abattements qu'il faut réaliser. Comment ? Pour les donations en ligne directe, il faut consentir un abattement de 400 000 euros par part, exonérer les transmissions d'entreprises en suivant le modèle allemand…

Reculer l'âge de départ à la retraite

Pour baisser les impôts, il faut baisser les dépenses.

Alors par quoi on commence ? Une réforme des retraites !

À quel âge les Hollandais partent-ils à la retraite ? 66 ans. Et les Danois ? 65 ans. Et les Allemands ? 65 ans et 7 mois (ce sera 67 ans en 2029). Et les Italiens ? 66 ans et 7 mois. Et ce, alors que nous sommes toujours en France à… 62 ans. On ne sait pas comment faire des économies en France sur les dépenses publiques ? On se gratte encore la tête sur le sujet ? Cela ressemble à une blague. Il suffit d'ouvrir les yeux sur ce que font nos partenaires européens et de compter combien ils économisent grâce à leurs réformes : l'Allemagne dépense 89,4 milliards d'euros de moins que nous chaque année en pensions, la Suède, 67,9 milliards d'euros de moins.

Il est pourtant possible, en France, d'économiser près de 19 milliards d'euros sur les retraites d'ici à 2028. Comment ? Avec un report de l'âge d'un quadrimestre par an pour tous à partir du 1er janvier 2021, soit 65 ans en 2028. Cette réforme accompagnerait l'allongement de l'espérance de vie, et nous rapprocherait de l'âge de référence en vigueur dans la plupart des pays de l'OCDE. Le report ne ferait que poursuivre le rythme de la réforme Woerth. Certes, la durée de cotisation pour partir à taux plein va continuer d'augmenter sous l'effet de la réforme Touraine, mais l'âge d'ouverture des droits est un marqueur important tant pour les employeurs que pour les salariés. Compte tenu de l'espérance de vie, nous proposons de retenir cet « horizon » de 65 ans. Si le report commence dès 2021, et si des mesures de redressement et de meilleure gestion sont mises en place, on peut atteindre 6,9 milliards d'euros d'économies supplémentaires d'ici à 2023, compte tenu de la tendance des dépenses en pensions de retraite.

Faire respecter les 35 heures dans la fonction publique (et réduire le nombre d'agents)

La masse salariale publique en France représente 290,1 milliards d'euros pour 5,3 millions de fonctionnaires. Par rapport à l'Allemagne, l'écart est important : en 2017, celle-ci employait 4,7 millions d'agents publics pour une masse salariale de 246,7 milliards d'euros (282,3 milliards d'euros en tenant compte de l'équivalent de la contribution « pension » employeur). En clair :

la France dépense en masse salariale le même montant en valeur que l'Allemagne qui compte 16 millions d'habitants en plus !

Pour réaliser des économies, il faut donc agir sur le nombre d'agents et sur leur temps de travail, ce qui doit permettre de proposer un service public de qualité équivalente (voire supérieure), et ce, à moindre coût pour le contribuable. En tout, c'est presque 10 milliards d'euros qui peuvent être récupérés et mieux utilisés.

Rationaliser le « pognon de dingue » des prestations sociales

Le président Emmanuel Macron parlait du « pognon de dingue » que la France dépensait dans le social. Difficile de le contredire car ces dépenses sont passées de 659 milliards d'euros en 2012... à 742 milliards d'euros en 2018 : en moyenne, + 10 milliards d'euros par an. Nos dépenses sociales représentent 31,5 % de notre PIB : un record au niveau de l'OCDE (20,1 % en moyenne) et nous distançons la Belgique, en 2e position, de + 2,3 %. 42 milliards d'euros de frais de gestion, c'est 6 % du total des prestations quand la moyenne de la zone euro est à 3 %. Forcément, nous culminons à plus de 200 aides et prestations différentes répondant à 80 modes de calculs différents, versées par 330 caisses différentes qui sont présentes sur le territoire via 5 000 guichets.

Pour une réforme ambitieuse, il faut mettre en place une allocation sociale unique en fusionnant les guichets et la cinquantaine de prestations non contributives que nous comptons. L'idée est d'aboutir à une fusion entre le foyer fiscal et le foyer « social » : l'attribution des aides serait, à terme, automatisée grâce à l'administration fiscale et transformable en crédit d'impôt afin de limiter les flux financiers. Cela mettrait fin de facto à la pratique très répandue de la fraude sociale (20 milliards par an minimum) qui a permis à un jeune homme d'usurper pendant un an et demi l'identité d'une femme ne vivant pas dans la même région pour toucher le RSA !

Réduire le train de vie de l'État : pour l'exemple (et quelques millions d'économies)

Évidemment, si les Français doivent faire des efforts, nos élus et dirigeants se doivent d'être exemplaires même s'il faut garder en mémoire que réduire le train de vie de l'État ou des collectivités ne générera jamais des milliards d'euros d'économies.

Malheureusement, il n'existe pas de données globales, ni de définition sur le train de vie de l'État ou le train de vie de nos élus… Pas non plus de statistiques sur les parcs automobiles de nos collectivités locales même si certaines font des efforts pour les réduire. Pour rétablir la confiance, c'est un vrai travail de transparence qu'il faut entreprendre : chaque euro d'argent public dépensé doit être justifié. Même la présidence de la République a bien du mal à le faire pour ses 105 millions d'euros de budget. Le rapporteur qui s'occupe du sujet à l'Assemblée est issu de la majorité et change tous les ans, contrairement aux usages.

Au Royaume-Uni, la transparence est la règle : les rémunérations des hauts fonctionnaires sont publiques et nominatives, tandis que le ministère des Affaires étrangères publie le détail de ses dépenses… jusqu'à l'envoi des cartes de vœux et des compositions florales.

Alors, pas la peine de chercher des excuses, on sait où le bât blesse. Soit on continue à papoter gentiment, soit on fait de vraies baisses d'impôts et de dépenses pour permettre à l'investissement et à l'emploi de retrouver des couleurs.

18

Réhabiliter le travail ?

Sauver le plus d'emplois possible ! Cela devrait être le leitmotiv des syndicats. Et pourtant, quand on creuse un peu, on est totalement sidérés. Les syndicats ne veulent pas toujours sauver les emplois. Beaucoup d'entreprises souhaitent mettre au point des accords de performance collective qui permettent de conserver les emplois en supprimant, par exemple, les primes et les treizièmes mois. Mais très peu de ces accords sont signés par les syndicats : seulement une quinzaine à fin juillet 2020. Étrangement, on constate que les syndicats jouent souvent la montre et rechignent à signer ces accords pour contraindre les entreprises à aller vers la faillite et des plans de licenciement (et leurs compensations financières évidemment). À croire que nos syndicalistes préfèrent jouer sur le registre de la lutte des classes en criant au loup quand les licenciements arrivent alors même qu'ils n'ont rien fait pour les empêcher. Plus simple de se plaindre que de négocier.

Aider les entreprises, pour quoi faire ?

Du côté du gouvernement, ce n'est guère mieux. Tout en préconisant officiellement de passer massivement des accords de performance collective, le gouvernement semble ignorer totalement les difficultés des entreprises à signer ces accords… alors que c'est bien le gouvernement qui est à l'origine de ces difficultés puisqu'il a remonté la barre de signatures des accords avec des syndicats représentant 50 % des salariés tout en interdisant aux entreprises de plus de 10 salariés de passer par des référendums pour signer ces accords ! Les entreprises sont donc dans un cul-de-sac du droit du travail qui va paradoxalement… les inciter à licencier.

Est-ce que le cabinet du ministre s'en occupe ? Que nenni ! Il préfère ne pas se mouiller et refiler ça à la direction régionale du travail, la Direccte, qui est censée suivre les entreprises mais se contente de se montrer tatillonne sur les questions de forme. Leur obsession ? Que le Code du travail soit appliqué à la lettre. Point barre. Que les employeurs se débrouillent pour sauvegarder leurs emplois en pleine crise économique post-Covid-19, ils ne recevront aucune aide, que des freins supplémentaires.

Pour éviter le déploiement des plans de sauvegarde de l'emploi (PSE) et les licenciements collectifs, le gouvernement compte aussi sur la transformation du chômage partiel en activité partielle de longue durée pour les secteurs les plus touchés par la crise (aéronautique, automobile, tourisme). L'activité partielle de longue durée, entrée en vigueur le 1er juillet 2020, permet aux salariés des secteurs les plus impactés par la crise de toucher 84 % de leur salaire par le financement de l'État et de l'Unédic, le reste étant supporté par l'entreprise. Ce système nécessite la négociation avec les syndicats majoritaires ou un accord de la branche et ne peut être mis en place que si en moyenne les salariés ne travaillent pas plus de 40 % de leur temps de travail. En contrepartie (car il y en a toujours), l'entreprise s'engage à faire de la formation et à limiter au maximum la réduction de ses effectifs.

Mais, derrière les discours de souplesse et de simplification, notre pays est toujours englué dans des règles très strictes. La direction régionale du travail est incontournable par exemple sur les PSE, elle scrute à la loupe chaque licenciement et en demande plus sur les catégories d'emplois. Elle peut réclamer des réunions complémentaires avec les syndicats en plein mois d'août. En réalité, on est toujours proche de l'autorisation administrative de licenciement prétendument supprimée.

Les entreprises allemandes ont beaucoup moins de contraintes que les nôtres pour signer ce genre d'accords. Déjà, elles ont des syndicats qui se chargent du dialogue social. Chez elles, pas de monopole au premier tour des syndicats, elles ont des syndicats maison avec lesquels elles signent facilement des accords. Dans les petites entreprises, les intérêts des salariés sont représentés par le seul organisme du conseil d'établissement, lequel est élu par les salariés, et ce n'est que dans les entreprises de plus de 2 000 salariés que les représentants syndicaux figurent au conseil de surveillance. En Allemagne, les syndicats sont puissants, représentatifs… et dépolitisés. Ainsi, l'évolution des conditions de travail et des salaires est de la seule compétence des partenaires sociaux qui édictent les règles, branche par branche. L'idée d'une loi limitant le temps de travail à 35 heures pour tous est ubuesque chez eux, à chaque secteur ses règles spécifiques et flexibles !

Le gouvernement français sait très bien que les obstacles sont énormes sur le chemin des entreprises, mais rien n'est fait pour les lever. Se rapprocher du modèle allemand impliquerait un changement complet de mentalité de nos syndicats qui ne devraient plus voir les employeurs comme l'ennemi à coincer mais comme le partenaire principal pour créer des emplois. Un tel changement est plus que souhaitable mais demanderait des années de travail alors que l'urgence est déjà là. Une solution de court terme, si nous voulons sauver des emplois, serait de permettre que tout accord puisse être signé avec des syndicats représentant 30 % des salariés ou après un référendum à l'initiative de l'employeur. Mais cela ne serait que le début.

Plus encadré, tu meurs

Pour les employeurs français, embaucher en CDD s'apparente au parcours du combattant tant les conditions à respecter sont contraignantes. En France, il n'est possible d'effectuer un CDD « que pour l'exécution d'une tâche précise et temporaire et seulement dans les cas énumérés par la loi ». Ces cas sont précisément décrits : remplacement provisoire d'un salarié, accroissement temporaire de l'activité, emploi saisonnier ainsi que quelques cas particuliers rigoureusement définis. Une fois le type de CDD déterminé, l'employeur doit rédiger un contrat de travail dans les deux jours suivant l'embauche, mentionnant les indications obligatoires, sous peine de paiement d'indemnités au salarié et de requalification du contrat en CDI.

Par exemple, le contrat de travail relatif à l'embauche d'un aide à domicile ou garde d'enfants est de fait un CDI et ne peut se transformer en CDD que lorsqu'un salarié vient remplacer le titulaire du poste absent, de façon exceptionnelle. Ce manque de souplesse conduit malheureusement au détournement du système, puisque les particuliers préfèrent ne rien déclarer.

Cependant, une autre voie est envisageable lorsque l'on regarde (encore une fois) chez nos voisins allemands. Ainsi, la loi sur le travail à temps partiel et les contrats à durée déterminée (TzBfG) propose différents encadrements du CDD. Elle impose l'existence d'une raison objective, dont la liste est présentée dans la section 14, pour embaucher en CDD sans restriction légale de durée. Mais elle permet également de conclure un CDD sans raison objective pour une durée de 2 ans au maximum. Pour les entreprises de moins de quatre ans, d'embaucher des salariés en CDD sans justification particulière, avec la possibilité de renouveler le contrat pendant quatre ans. Et pour les personnes âgées de plus de 52 ans et ayant été au chômage plus de 4 mois précédant l'embauche, il est possible de conclure un CDD d'une durée maximale de 5 ans, sans justifier de motif particulier.

En France le CDD est renouvelable seulement deux fois, durée totale fixée par les conventions de branches. Où ça ? Eh bien, dans le secteur public où l'on peut conclure des CDD sur une durée de 3 ans renouvelable une fois (6 ans au total). De la part de l'État, c'est clairement : « Faites ce que je dis mais pas ce que je fais. »

Encore une fois, il faut faire vite pour aider les entreprises à conserver des emplois et pour cela, il faut leur redonner de la flexibilité sur les embauches. Un premier pas et une mesure à prendre d'urgence serait d'autoriser une entreprise à pouvoir embaucher en CDD sans justification et sur 3 ans... comme dans le secteur public !

Faciliter la signature des accords, libérer (un peu) le CDD, c'est bien, mais il faudra aussi s'attaquer à la problématique des heures supplémentaires et plus généralement à celle du temps de travail. On le sait, s'agissant du temps de travail et des majorations pour heures supplémentaires, la loi a prévu 35 heures et une majoration des 8 premières heures à 25 %. Des accords de branche peuvent déroger à ce pourcentage mais sans passer au-dessous de 10 %. Encore une fois, voilà un exemple d'accord trop compliqué à négocier, alors forcément, la durée du travail effective des salariés à temps plein figure, en France, parmi les plus faibles en Europe. Une petite amélioration consisterait à abaisser l'accord des syndicats, pour limiter la majoration des heures supplémentaires, à leur représentation de 30 % des salariés (et non plus 50 %).

Une petite amélioration car en Allemagne, en Italie ou aux Pays-Bas, il n'y a pas de majoration des heures sup' fixées dans la loi, cela dépend des accords de branche ou d'entreprise ou du contrat de travail du salarié. Bref, on demande à peine le strict minimum.

Les règles européennes… et la France

Il ne faut pas l'oublier, faisant partie de l'Union, la France doit intégrer les règles européennes dans son cadre législatif. L'Union européenne, à travers des directives sur le droit du travail, tend à coordonner les politiques nationales, pour garantir des exigences minimales relatives aux conditions de travail des salariés, notamment à travers l'idée de l'instauration d'un salaire minimal européen. Elle est également favorable à la juste compétitivité, facteur de croissance des économies européennes, et de conditions de travail (rémunération, contrats de travail, durée, protection sociale…) honnêtes pour tous les travailleurs.

Mais nous souffrons d'une particularité bien française : nos dirigeants aiment tellement les règles qu'au moment de les transposer, ils les compliquent et les rendent plus rigides qu'attendu ! Si nous sommes des cancres pour respecter les règles budgétaires européennes, nous sommes au premier rang en ce qui concerne les règles sur les entreprises. Ainsi, alors que l'Union européenne a imposé la restriction du temps de travail hebdomadaire à 48 heures au maximum, la France est allée plus loin en fixant une limite à 44 heures par semaine.

Autre exemple, selon les règles issues de la

directive européenne relative aux conditions de travail transparentes et prévisibles, un écrit établissant les droits et obligations du salarié doit lui être transmis par l'employeur dans un délai de 7 jours au maximum suivant l'embauche. En France, l'échéance a été fixée à... 2 jours.

Avec un tel carcan, comment être surpris qu'en 2019, le taux d'emploi des actifs soit inférieur en France par rapport au reste de la zone euro ? 65,5 % contre 68 %... Et notre écart avec l'Allemagne est de plus de 10 points (76,7 % !), même chose avec le Royaume-Uni (75,2 %). Des chiffres qui mettent en exergue la difficulté d'accès à l'emploi dans l'Hexagone, dont la complexité des procédures de licenciement est une caractéristique indéniable.

Sans surprise, le droit du travail français régit les licenciements pour motif personnel de façon très stricte, édictant une lourde procédure à suivre à la lettre et imposant des conditions précises. Une (petite) étape vers plus de flexibilité avait été franchie avec la mise en place de la rupture conventionnelle, permettant aux salariés en CDI de rompre leur contrat, en accord avec l'employeur. Seulement, elle impose de suivre une procédure... tout aussi contraignante ! Le licenciement est tellement compliqué et coûteux en France que les employeurs sont plutôt réticents à s'y résoudre. Et donc, plus réticents à embaucher.

En clair : l'administration française contrôle

en permanence toutes les étapes et ralentit les procédures. Quant aux syndicats, forts de leur pouvoir de blocage avec le choix de monter à 50 % pour les accords, ils poussent plus à détruire des emplois qu'à les conserver puisque même la CFDT (pourtant considérée comme le syndicat le plus modéré) est hostile aux accords de performance collective. Adoptons enfin le pragmatisme qui prime dans le reste de l'Europe ! Sauvons nos emplois, même si cela doit passer par un désaveu pour nos syndicats réfractaires.

19

Sauver ce qui reste de notre industrie

Qui va convaincre les entreprises françaises de relocaliser en France ? Mystère. Au sein de l'État, personne ne veut s'y coller. Et surtout pas Business France qui ne veut convaincre de venir en France que des entreprises étrangères et ne veut pas essuyer des refus des entreprises françaises car ils savent pertinemment que le chiffre des packages qu'ils vont leur proposer leur montreront une fois de plus à quel point c'est plus cher en France. Et si Business France avait peur de mettre sous le nez de nos entrepreneurs des chiffres qui inciteront les entreprises non pas à relocaliser mais à délocaliser ? C'est tout à fait vraisemblable.

Dans les Côtes-d'Armor, à Plaintel, il y avait une usine de masques jetables. Pendant 44 ans cette usine a tourné, employant jusqu'à 300 salariés et produisant près de 200 millions de masques par an. Mais, par la suite, les choses se gâtent et en septembre 2018, l'entreprise enchaîne les plans sociaux, se délocalise en Tunisie (à la demande du groupe Honeywell), licencie ses 38 derniers salariés et détruit ses machines.

Un an et demi plus tard, au début de la crise de la Covid, la France ne compte que trois producteurs de masques jetables sur le territoire et dépend de la production étrangère, notamment chinoise, pour refaire, dans la panique dont on se souvient tous, son stock de masques. Pire, on nous explique pendant des semaines que le masque est inutile, qu'il ne sert qu'aux professionnels de santé et que de toute manière, les Français ne sauront pas l'utiliser… tout cela avant de le rendre obligatoire dans l'espace public et au bureau à la rentrée de septembre 2020. Bref, on nous mène en bateau pour cacher la triste réalité : la France n'est pas capable de subvenir à ses besoins en masques. Et l'usine de Plaintel ? Dès le début de la crise, son ancien patron a tenté de relancer sa production, en vain. Le 17 avril 2020, la secrétaire d'État auprès du ministre de l'Économie, Agnès Pannier-Runacher, estimait lors d'une séance à l'Assemblée « qu'il y a[avait] des alternatives » à la réouverture de l'usine. En fin de compte, d'autres productions ouvriront dans le département d'ici à la fin de l'année 2020, notamment une à Guingamp (financée par un collectif de 1 000 citoyens et des partenariats public-privé) et une autre à Ploufragan (financée par un investisseur libano-suisse, Abdallah Chatila).

Entre le début de la crise et l'ouverture de ces usines ? Plus de 10 mois.

La Covid et son coup de projecteur sur la désindustrialisation de notre santé

Voilà qui illustre bien la triste désindustrialisation de la France… et ses conséquences. La crise sanitaire a mis en évidence notre dépendance stratégique dans des domaines essentiels de la santé comme les médicaments ou les dispositifs médicaux, mais aussi la fragilité de nos chaînes de production.

Dans la santé, c'est criant. Les taxes sectorielles pesant sur l'industrie pharmaceutique ont quasi doublé depuis 2012 et représentent maintenant 8,4 % du chiffre d'affaires taxable. Et on se demande encore pourquoi on produit de moins en moins de médicaments en France ? Depuis 1970, le nombre d'entreprises de l'industrie du médicament s'est effondré, passant de 422 entités à 240 en 2018. De 1995 à 2008, la France était le premier pays producteur de médicaments. Nous sommes tombés du podium en 2013 et depuis c'est la dégringolade au rang européen derrière la Suisse (46,28 milliards d'euros en 2016), l'Italie (30,01 milliards), l'Allemagne (29,2 milliards) ; avec 22,86 milliards, la France devance toujours le Royaume-Uni (22,44 milliards), l'Irlande (19,3 milliards) et l'Espagne (15,14 milliards). L'avenir du médicament n'est pas radieux et nous sommes en train de passer à côté de l'essor du médicament biologique : sur la centaine de médicaments biologiques autorisés par l'Agence européenne du médicament, nous en produisons 7 contre 26 en Allemagne et 14 au Royaume-Uni et en Italie. L'Italie est d'ailleurs l'exemple qu'une réindustrialisation est possible, à condition de prendre les dispositions nécessaires : le pays est en train de devenir le numéro un du médicament en Europe, cela grâce à des mesures fortes comme la création des fonds spéciaux en faveur des médicaments innovants, des baisses de taxes sur les revenus issus de l'exploitation de brevets par des groupes menant de la recherche et l'établissement d'un plan national « Industrie 4.0 » qui offre des aides et exonérations fiscales aux entreprises voulant innover.

En France, la politique fiscale sectorielle du médicament et les prélèvements opérés sur le chiffre d'affaires par les pouvoirs publics au bénéfice de l'assurance maladie ou de la formation des médecins libéraux sont totalement responsables de cette bérézina. La rentabilité a chuté et en 2016, elle est de 11,1 % en France, contre 18,7 % en Allemagne et 36,7 % au Royaume-Uni. Sur ce plan, les effets bénéfiques du CICE (crédit d'impôt pour la compétitivité et l'emploi) et du CIR (crédit d'impôt recherche) n'ont pas réellement modifié la donne. L'augmentation de la contribution sur le chiffre d'affaires (1 à 1,6 % pour financer le développement de la formation continue des médecins) n'a pas aidé. Ces dernières années, l'industrie pharmaceutique a été prise pour la vache à lait de la Sécu. On en paie aujourd'hui les conséquences.

En France, une industrie réduite à sa plus simple expression

D'après l'Insee, de 1970 à 2016, la part de la valeur ajoutée de l'industrie manufacturière a baissé dans la richesse nationale de 22,3 à 10,2 %. En comparaison, la part de l'industrie manufacturière dans le PIB en Allemagne se monte à 20,6 %, soit deux fois plus qu'en France. L'Italie et l'Espagne ont aussi une industrie manufacturière plus importante qu'en France avec respectivement 14,6 % et 12,8 %. Entre 2000 et 2017, la France a perdu, en moyenne, 58 000 emplois industriels par an. Et la crise ne va rien arranger car, selon les projections, notre industrie subirait 20 % des destructions d'emplois suite à la crise économique et sanitaire et perdrait environ 5 % de ses emplois. De 2,2 milliards en 2001, notre déficit commercial est passé à 68 milliards attendus en 2021. Et après la rafale de la crise de la Covid, au deuxième trimestre 2020, on accusait en France un déficit commercial de 4,6 % du PIB… quand en Allemagne la balance commerciale affichait encore un excédent de 3,1 % à la même date ! Des résultats dans le positif grâce à ses entreprises industrielles familiales qui ont pu continuer à se développer dans les territoires pendant qu'en France on taxait à tour de bras les familles d'entrepreneurs et qu'on leur montrait gentiment la direction de la frontière.

Et à cela s'ajoute l'instabilité de la loi : entre 1994 et 2013, 1 article de loi sur 5 concernant l'industrie a été modifié, ce qui a mené à une multiplication des contentieux à cause des diverses interprétations des normes. En matière d'urbanisme, le nombre de contentieux est passé de 603 en 2015 à 845 en 2018.

En juin 2020, le président de la République a annoncé vouloir s'attaquer à la réindustrialisation de la France « en investissant dans notre indépendance technologique, numérique, industrielle et agricole par la recherche, la consolidation ». Quelques jours plus tôt, il s'était rendu chez Sanofi, où il avait annoncé un plan de 200 millions d'euros pour une politique de résilience en matière de santé. D'autres plans de relance, dans le secteur de l'automobile avec un plan d'investissement en faveur des batteries ou de l'aéronautique, ont été lancés pour soutenir ces secteurs et relancer l'investissement en France. D'autres secteurs qui se sont mobilisés pendant la crise comme le textile ou l'agroalimentaire voudraient pérenniser les efforts accomplis.

Mais le risque est grand que cela soit trop peu et trop tard. Les pertes de tissu industriel subies au cours des trente dernières années sont énormes. En 2019, le solde des ouvertures d'usines était négatif (76 fermetures pour 58 ouvertures). La dernière usine de tabac implantée en Dordogne a, par exemple, dû fermer ses portes. Et le solde risque bien d'être négatif en 2020.

Créer une usine en France ou le parcours du combattant

Isabelle Monvoisin, le PDG de Regional Partner, a estimé que moins de 30 % des projets de nouvelles usines se concrétisaient dans les 24 mois, ce qui est anormalement long. Les entrepreneurs sont parfois contraints de jeter l'éponge ou d'attendre 6 ans, comme ce fut le cas du groupe Péna Environnement qui a dû patienter de 2010 à 2016 pour implanter son usine de traitement des déchets électriques et électroniques en Gironde après avoir été recalé une première fois à Saint-André-de-Cubzac.

En outre, un nombre conséquent de procédures est exigé, en fonction du terrain, de la faune et de la flore. Au niveau environnemental, jusqu'en 2015, il fallait lancer pas moins de 14 procédures simultanées qui prenaient, en général, 11 mois à être validées. Ouf pour les entrepreneurs, il y a maintenant une autorisation unique pour 3 codes (de l'environnement, le forestier, de l'énergie et des transports). Après des années à ensevelir les entreprises sous de la norme, nos législateurs étaient bien contents de cette solution mais cela n'a rien réglé. La complexité ressentie par les entrepreneurs ne cesse d'augmenter et pour cause : les procédures environnementales mettent encore 9 mois à être validées avec deux interlocuteurs à la préfecture (DREAL et DDT) et pas moins de 6 instances consultatives (CNPN, CDNPS, CODERST, CRSPN, CSSPP, ARS). Et c'est la même chose pour les questions urbaines : encore 3 à 6 mois pour valider les projets et environ 7 interlocuteurs. Et pour les questions archéologiques : autour de 6 mois pour une validation et entre 6 mois et 1 an en cas de fouilles, mais cette fois, il n'y a que 3 interlocuteurs. Bref, les travaux ne débutent qu'une fois l'enquête environnementale et le diagnostic d'archéologie préventive validés, ce qui prend généralement 12 mois, contre 3 à 6 aux Pays-Bas ou en Espagne.

Le délai anormalement long s'explique également parce que les riverains s'opposent parfois fermement aux créations d'usines. En 2020, dans la ville d'Othis (Oise), les habitants se sont par exemple dressés contre l'installation d'une usine de méthanisation.

Dans ces conditions, réindustrialiser est-il encore possible ?

De multiples plans et outils ont été mis en place par les gouvernements pour stopper la désindustrialisation. Sur le diagnostic, les rapports ont été nombreux. Le site de La Documentation française recense plus de 400 rapports publics (d'auteurs souvent prestigieux) sur le sujet depuis 2000. Et face au constat de la désindustrialisation qui a frappé la France, des stratégies et des plans de reconquête ont été régulièrement mis en œuvre par les gouvernements.

Pour changer la donne, il faut changer de braquet et agir sur différents leviers pour atteindre le renouveau industriel.

On veut produire en France, exporter, embaucher pour des postes à forte valeur ajoutée ?

Alors il va falloir dire les mots qui fâchent :

Augmenter le temps de travail, baisser le nombre de jours de congé et de RTT, baisser les charges employeurs à tous les niveaux de rémunération, baisser les taxes de production pour une trentaine de milliards. Simplifier les autorisations pour créer des usines. C'est la seule manière de réindustrialiser.

Le président de la République l'a dit : « La seule réponse est de bâtir un modèle économique durable et plus fort, de travailler et de produire davantage pour ne pas dépendre des autres. » Et bien entendu, inciter à investir dans nos entreprises de demain et permettre la transmission des entreprises en exonérant comme en Allemagne les droits de succession. En encourageant massivement l'apprentissage, notamment en faisant sauter la taxe d'apprentissage et les bonus/malus sur les grandes entreprises qui ne recrutent pas 5 % d'apprentis dans leurs effectifs. Environ 7 %

des jeunes de 16 à 25 ans sont en apprentissage en France, ils sont 15 % en Allemagne. Et le travail n'y est pas vu comme dégradant…

Si on veut réindustrialiser la France, il nous faut rapidement former des générations qui acceptent de travailler dans l'industrie et ne tordent pas le nez quand on leur dit le mot « usine ». Et qui n'associent pas l'industrie à « se faire exploiter ». Il y a encore du chemin à faire…

20

Désendetter la France, c'est possible !

« On nous accuse d'être frugaux, d'être égoïstes, on nous dit qu'il faut que nous soyons solidaires des pays pauvres de l'Europe, mais nous avons fait les réformes depuis les années 1990, nous avons choisi une autre politique qui a été suivie par les libéraux mais aussi par les conservateurs et les sociaux-démocrates. Surtout, après la crise de 2008, nous avons pensé qu'il y a toujours une prochaine crise et nous avons fait les efforts pour travailler plus et désendetter le pays. Nous sommes passés de 75 % de dette à 49 % de dette… Nous n'acceptons pas de faire des chèques en blanc sans savoir à quoi cela va servir… Moi par exemple je ne suis pas fonctionnaire à vie, j'ai un contrat pour 4 ans. Nous sommes évalués et… révocables. »

La diatribe de ce grand serviteur de l'État des Pays-Bas en dit long sur sa vision de la France. Nous sommes tombés en France dans notre propre piège : distribuer de l'argent gratuit tout en dévalorisant l'effort et le travail, tout en dégoûtant les entrepreneurs et les investisseurs. Et maintenant que nos caisses sont vides, on louche sur celles de ceux qui ont géré leurs finances avec sérieux. De toute évidence, le pays de Jean de La Fontaine n'a pas compris la morale de « La Cigale et la Fourmi ».

En France, si vous voulez fusionner deux organismes de l'État qui doublonnent et que vous leur demandez s'il faut faire des économies, la réponse est nette : « Ah non, surtout pas ! »

Les pays frugaux, soit le Danemark, la Suède et les Pays-Bas, ce sont ceux qui font mieux que nous avec moins. Moins de dépenses publiques, moins d'impôts, moins de chômage et une richesse par habitant supérieure. Depuis une bonne vingtaine d'années, les frugaux ont su gérer leurs finances publiques avec brio. Ainsi, en 2018, les dépenses des administrations publiques néerlandaises ne représentaient que 42,1 % du PIB, un des taux les plus bas de l'Union européenne. Fin 2019, la dette brute des administrations publiques s'élevait à 35,1 % du PIB en Suède, 33,3 % au Danemark et 48,6 % aux Pays-Bas. Des chiffres à faire pâlir d'envie les pays du sud de l'Europe et la France.

Avec des taux d'endettement inférieurs à 70 % de leur PIB, les « frugaux » et l'Allemagne repartiront, après la crise de la Covid, plus vite et plus fort que la France. Il est grand temps de regarder comment ils font et de s'en inspirer.

Chez les frugaux, point de statut public

Depuis que les Allemands, Hollandais, Suédois et Danois ont réformé leurs statuts publics dans les années 1990, leurs dépenses publiques ont baissé de 10 points ou plus. Les Allemands de 55 du PIB à 44 %, les Hollandais de 54 à 42 %, les Suédois de 63 à 50 % et les Danois de 58 à 51 %. Pendant ce temps-là, la France passait de 55 à 55,8 %... Si nous voulons faire partie du groupe des frugaux, il faut réformer la fonction publique et la recette réside, en grande partie, dans le fait de réconcilier public et privé. L'enjeu ? Faire comprendre aux agents que public et privé ne sont pas opposés. Cela, notamment en alignant les conditions de travail et les régimes de retraite.

Et rapprocher le public du privé, cela veut dire supprimer le statut public des agents. L'emploi public des pays nordiques s'est progressivement ouvert au régime de droit privé et les individus sont beaucoup plus libres de passer d'un emploi public à un emploi privé pendant leurs carrières, alors que cette liberté est très restreinte chez nous et crée un fossé presque infranchissable. Le Danemark, les Pays-Bas et la Suède fonctionnent avec un système dans lequel les agents ne jouissent pas de la garantie de l'emploi, de promotions automatiques et de candidatures facilitées.

La Suède, dans les années 90, a mis en place une politique de *New Public Management* qui s'inspire des entreprises. En jeu : autonomie et culture du résultat. Les contrats des agents ont été alignés avec le privé, et entre 1996 et 2001 les dépenses publiques de la Suède ont baissé de plus de 9 %.

Les Pays-Bas, à la même période, ont créé deux catégories d'agents publics : les fonctionnaires (majoritaires) qui disposent d'un statut de droit public mais dont les conditions d'emploi sont très proches de celles des salariés de droit privé. Ils ne sont pas titulaires de leur poste et ne disposent pas d'un droit à faire carrière dans l'administration. En parallèle, entre 1996 et 2000, les dépenses publiques des Pays-Bas ont baissé de 10 %. Si les contractuels qui travaillent dans les services publics sont au départ des employés sur la base de contrats de droit privé, ce type de contrats a été supprimé en 1993 puis les règles du public ont été alignées sur les règles du privé et l'ensemble des agents publics sont rebasculés sur des contrats de droit public depuis le 1er janvier 2020.

Au Danemark, les agents publics ont perdu la sécurité de l'emploi à vie dès 2001. Le fonctionnariat n'est plus réservé qu'à certaines fonctions (postes haut placés, juges, fonctionnaires de police, personnels pénitentiaires et militaires) et les fonctionnaires permanents ou sous contrat représentent seulement 35 % des agents publics.

Enfin, côté danois, la rémunération des agents publics se compose de trois strates : une rémunération de base, issue d'accords (négociés au niveau central tous les 2 ans), une rémunération supplémentaire (en fonction des spécificités de la fonction et des qualifications de l'agent) et une prime liée à la performance qui peut atteindre jusqu'à 20 % du salaire !

Une décentralisation, vraiment ?

Lorsqu'on parle en France de décentralisation, on fait généralement de la déconcentration des services de l'État. Pour décentraliser en fait, il faut justement que l'État cède ses compétences à des niveaux locaux. Et céder ses compétences, ce n'est pas juste inviter à la table des réunions. Hormis les fonctions régaliennes, un État peut céder toutes ses compétences et oui, même l'Éducation nationale.

En Suède, par exemple, l'État a misé sur un transfert de la gestion de l'enseignement public vers les municipalités, qui disposent de subventions publiques et de leurs propres recettes fiscales – représentant respectivement 32,9 % et 55 % de leurs recettes totales – pour financer l'éducation. Ainsi, ce sont les communes qui ouvrent les écoles municipales en fonction des besoins locaux. Elles sont en charge de la construction et de l'entretien des établissements et disposent d'une large autonomie pour l'organisation et la gestion de leur école puisque ce sont elles qui s'occupent du recrutement des chefs d'établissement. Mais surtout, elles délèguent à ces derniers le soin d'effectuer les recrutements du personnel enseignant, les licenciements, la définition des attributions et la hauteur de la rémunération. Cela permet de récompenser les bons enseignants et de se séparer des mauvais éléments… comme dans le privé. Combien de fois, en France, des parents d'élèves demandent à éviter certains professeurs incompétents (qu'ils savent indéboulonnables) avec la crainte de voir leurs enfants perdre une année dans la matière qu'ils enseignent ? Les parents suédois, eux, doivent moins s'en soucier.

L'éducation est également décentralisée en Allemagne où chaque *Land* dispose d'un gouvernement, d'une Constitution et d'un parlement qui lui est propre. Ils sont autonomes en matière d'organisation du territoire, mais aussi financièrement pour gérer l'éducation, la santé, les transports, la voirie, la culture, les services de police, le droit des communes, etc. Les communes aussi sont autoadministrées et autonomes financièrement.

Mais concrètement, cela donne quoi ? En matière d'éducation, ce sont les ministres de l'éducation de chaque *Land* (coordonnant leur action à travers une conférence permanente des ministres de l'Éducation, pour limiter les différences de niveau entre les régions) qui financent l'éducation, déterminent le contenu de l'enseignement et pilotent sa mise en œuvre, aussi bien pour les maternelles que les primaires et les collèges et lycées. Le financement de l'enseignement est opéré à 75 % par les *Länder*, à 18 % par l'échelon local et à 6,5 % par le gouvernement central. A contrario, en France l'État prend en charge environ 73 % du total des dépenses en matière d'éducation, les régions 16 % et les collectivités locales 11 %. Et si la France compte plus de 35 000 acteurs compétents pour la gestion de l'éducation, ils sont seulement 11 000 en Allemagne.

Déléguer au privé

Attention, nous sommes sur le point de prononcer le mot interdit : délégation de service public. Allons plus loin avec le tabou ultime : délégation du service de santé public. C'est possible et cela marche très bien pourtant. En Allemagne, depuis les années 1990, une large politique de privatisation du secteur public hospitalier a été mise en place, celui-ci ayant diminué de 43 % entre 1990 et 2010, en faveur d'une augmentation des structures privées.

Et ce n'est pas un cas isolé : la Suède a adopté la même approche et la santé est administrée, gérée et financée au niveau local par les 21 comtés – finançant 70 % des dépenses totales de santé – et les 290 municipalités – à hauteur de 8 %. Le coût de la santé est principalement financé par les impôts, qui représentent 55 % des revenus du comté. Bien que ces derniers disposent de la possibilité de mettre en place eux-mêmes les structures de santé, ils en délèguent l'organisation aux hôpitaux, en vertu du principe de séparation de l'acheteur et du fournisseur. La part de dépenses de santé en pourcentage du PIB s'élève à 7 % en 2018, contre 9,9 % en 2009, baisse témoignant d'une meilleure gestion du coût et du financement.

La gestion privée du service public a permis à la Suède d'abaisser le poids de sa dette pour atteindre 38,8 % du PIB en 2019, à travers la baisse des dépenses publiques, qui s'élèvent à 49,8 % du PIB en 2018. C'est principalement la mise en concurrence des différentes structures qui permet ces gains de productivité : les usagers se dirigent vers les établissements offrant le meilleur rapport qualité-prix, obligeant les entreprises publiques à s'aligner sur la performance du privé, en matière de qualité du service et de gestion des coûts.

Autre secteur (tout aussi conflictuel pour la France) : La Poste. 1993 sonne le glas du monopole d'État sur les services postaux suédois transformés en société anonyme aux capitaux publics Posten AB puis fusionnant avec le service danois pour devenir PostNord. En France, on se refuse à une privatisation complète de La Poste, la défendant comme le dernier lien entre l'État et les territoires ruraux. Et pourtant, en pleine crise de la Covid, La Poste forte de plus de 250 000 salariés, de ses 17 000 points de contacts et de 8 000 agences physiques a stoppé la distribution de courrier dans certaines zones reculées et maintenu la distribution sur seulement 3 jours pour le reste du pays. Merci le service public.

Décentraliser, déléguer pour désendetter

En 2003, une révision constitutionnelle a bien disposé que l'organisation de la France serait décentralisée mais, en pratique, l'État est resté maître à bord. Lui préfère déconcentrer plutôt que décentraliser. Le sentiment que cela donne est qu'aucun gouvernement (ni celui-là ni les précédents) ne veut achever la logique qui serait de donner plus de pouvoir aux régions et de réduire le nombre de communes.

La région ne devient une véritable collectivité territoriale qu'en 1982 avec un conseil régional élu et un budget propre. L'État n'exerce plus sa tutelle et le préfet a un nouveau rôle de contrôle budgétaire, avec l'appui de la chambre régionale des comptes. En 1992, l'article 1er de la Constitution consacre la « libre administration des collectivités territoriales » et l'intercommunalité apparaît avec les premières communautés de communes... mais ce n'est qu'en 2004 (!) que la loi définit l'attribution de compétences à chaque collectivité territoriale : tourisme, voirie, transports, élimination des déchets, etc.

Sous la mandature de Nicolas Sarkozy, on tente de simplifier l'organisation des territoires : les métropoles sont créées (formes d'EPCI – établissements publics de coopération intercommunale – à fiscalité propre), les communes peuvent se regrouper pour former des « communes nouvelles », des conseils territoriaux remplacent les conseils régionaux et départementaux et, surtout, la clause de compétence est supprimée pour les régions et les départements. Sous le quinquennat de François Hollande, une (première) loi détricote, à nouveau, la clause générale de compétences sans arriver à la supprimer totalement. Pire, elle inverse la tendance opérée par la loi de 2010 en rétablissant la clause de compétence générale des régions et départements et en supprimant le conseil territorial et donc en rétablissant les conseillers départementaux.

Mais ce n'était pas fini, car, en 2015, la fameuse loi NOTRe opère un revirement à 180 degrés en... supprimant la clause de compétence générale des régions et départements. Un pas en avant, un pas en arrière.

Tout est fait pour dépenser plus et s'endetter plus. Suivons les bons exemples autour de nous : suppression du statut public, délégations de services publics, décentralisation, mise en concurrence et suppression des statuts, tout cela reposant sur la valeur « travail » (temps de travail annuel élevé, âge de départ à la retraite à 65 ans ou plus).

Si nous voulons rester libres, ne pas voir débarquer le FMI, il va falloir faire preuve de bon sens et appliquer les réformes qui marchent chez les autres et on verra à quel point la France peut réussir.

Conclusion

Avec une certaine arrogance, le gouvernement répète à l'envi que la signature de la France n'a jamais été aussi solide.

Ce qui semble vrai aujourd'hui peut se révéler faux demain.

Les ministres de Bercy le savent, ils disent en off que les sujets de 2022 seront la dépense publique et l'insécurité.

À la mi-mars 2020, la panique était là : les taux divergeaient dangereusement et rapidement entre la France et l'Allemagne et entre l'Italie et l'Allemagne. Sans l'intervention de la BCE, on aurait eu une énorme crise des dettes souveraines et on y serait encore. Croire que l'on a définitivement conjuré le sort est totalement infantile.

La crise a mis à nouveau en exergue les écarts de gestion entre les pays du nord et les pays du sud de l'Europe.

Pour l'instant, nos partenaires sont alignés sur les rachats de dette souveraine, mais jusqu'à quand ? Jusqu'à ce qu'ils rétablissent leurs économies. Les Allemands poussent pour rétablir les règles de bonne gestion (des déficits au-dessous de 3 % du PIB et une dette au-dessous de 60 % du PIB) pour tous les pays de la zone euro en 2022 et veulent atteindre chez eux l'équilibre budgétaire la même année.

Le moment venu, c'est simple, ils arrêteront les vannes au niveau de la BCE. Un conseil des gouverneurs actera la fin des rachats massifs de dette souveraine et le retour à la règle de 33 % maximum de rachat par pays. Il suffit que deux ou trois pays basculent dans le camp de ceux qui demandent la fermeture des vannes et les marchés recommenceront à évaluer vraiment le risque italien, français, espagnol et... leurs taux remonteront. Le gouvernement a d'ailleurs déjà anticipé une très modeste remontée du taux à 0,70 % pour la dette à 10 ans d'ici à la fin de l'année 2021. La suite ? Personne ne la connaît vraiment.

Du point de vue de la France, il faut que cela tienne coûte que coûte et « quoi qu'il en coûte » jusqu'en 2022. Tout est fait pour masquer le double mur de la dette qui se dresse devant nous en 2023 et en 2030. Mais la crise laisse des stigmates béants. Nous allons droit vers les 3 000 milliards de dette. C'est ce qui était évalué comme niveau de dette en 2022 en suivant les programmes économiques de Mélenchon ou de Le Pen...

La nouvelle mode est de savoir comment on

pourrait effacer la dette détenue par la BCE, comment ne jamais la rembourser ? Des illusions pour oublier notre incurie. Des illusions qui occultent qu'on ne peut effacer de la dette. Et toute la communication de Bercy est d'ailleurs soigneusement huilée pour éviter un fatal faux pas : « Ceux qui disent qu'une dette ne se rembourse pas sont des irresponsables, vis-à-vis des marchés mais aussi de la signature française qui pourrait être mise en péril », a déclaré Bruno Le Maire lors de la présentation du budget 2021. L'ombre de la dette plane sur nous. C'est la suite qui va être plus importante : la crédibilité de la France dans le cadre d'un programme de désendettement qui sera comparé à ceux des autres pays de la zone euro. Et là, les agences de notation scruteront chaque détail… Pourtant, c'est maintenant que nous devons plancher sur ce programme de désendettement sans lequel la France peut faire un trait sur son rang de sixième puissance mondiale.

Nous ne pouvons collectivement accepter de rester le passager clandestin des bons gestionnaires du nord de l'Europe et de nous trouver acculés, comme la France l'avait fait en 1983 après deux ans de choix désastreux du gouvernement de l'époque, à aller quémander des prêts en douce aux États qui ont des réserves, comme l'Arabie saoudite, le Qatar ou la Chine…

L'effort que nous avons devant nous est considérable. Rien que de faire baisser la dette à 100 %

du PIB en 2027 suppose une baisse colossale des dépenses. Si on s'inspire de ce qu'ont fait avant nous les Allemands ou les Hollandais, c'est possible, mais il faut décider vite.

Au-delà de nos finances publiques, c'est notre souveraineté qui est en jeu. Ce programme de désendettement, l'Agence France Trésor, le gouvernement et le Parlement le doivent aux Français.

L'avancée gouvernementale en crabe, sans explication, sans pédagogie, assenant des milliards auxquels plus personne ne comprend rien tout en niant un quelconque danger sur la soutenabilité de la dette est devenue insupportable. Même un taux d'emprunt à 3 % nous mettrait au tapis. Et ceux qui nous dirigent actuellement ne veulent (ne peuvent) même pas l'envisager. Étant donné que la croissance potentielle de la France est annoncée à 0,6 %, on comprend bien que ce n'est pas la croissance qui fera baisser mécaniquement la dette dans les prochaines années.

Il devient tellement évident que toute la communication gouvernementale et économique en la matière n'est destinée qu'aux marchés financiers ! La machine à confiance frise le ridicule.

Les Français méritent la vérité : la dette est devenue infinançable et il va falloir travailler plus, réformer notre modèle social, dépenser moins pour éviter le naufrage. Nous ne pourrons pas éternellement tenir ce rythme d'emprunt à 1 milliard d'euros par jour. L'argent magique et gratuit n'existe pas. On finit toujours par payer la note. Et là, dans le piège de la dette, ce ne sera pas juste des impôts supplémentaires mais la misère et la ruine pour tous si nous ne réagissons pas très vite. L'alerte de la dette est lancée. Le plan de désendettement est présenté en annexe. L'adopter, c'est changer la trajectoire du *Titanic.* C'est commencer une nouvelle page de l'Histoire de France.

ANNEXES

Ce que devrait faire le prochain gouvernement

Voilà à quoi pourrait ressembler un plan de désendettement de la France pour la période 2022-2027. En effet, le niveau de la dette en France est aujourd'hui particulièrement préoccupant à 120 % du PIB pour 2020 et serait encore à 116,2 % du PIB en 2021. La trajectoire pluriannuelle des finances publiques publiée dans le *rapport économique, social et financier* 2021[1] laisse entrevoir que le niveau de la dette serait toujours de 117,4 % du PIB à l'horizon 2025. En poursuivant la courbe du gouvernement jusqu'en 2030 et en maintenant des taux de croissance du PIB et de dépenses publiques (hors crédits d'impôts) de respectivement 1,4 % et 0,3 %, en moyenne annuelle et en volume, la dette atteindrait toujours 106 % du PIB, 10 ans après la crise. Voilà pour le *scénario moyen.*

Dans un *scénario dégradé,* avec une augmentation de la dépense publique ne serait-ce que de 1 % par an et une croissance plus faible en moyenne sur la période (rebond de croissance plus faible en 2021), la dette atteindrait entre 124 % et 130 % du PIB vers 2030.

Notre indépendance peut être mise à mal dans

1. RESF annexé au PLF 2021, p. 88.

les prochaines années à cause du poids de notre dette publique. Nul d'entre nous n'a envie de devoir demander aux Saoudiens ou aux Chinois des prêts express pour ne pas faire défaut en cas de remontée des taux ou de nouvelle crise.

Nous pouvons encore agir pour montrer que la France est capable de faire baisser lentement mais sûrement sa dette dans le PIB. Le message délivré aux marchés serait alors très clair : nous reprenons le contrôle de nos finances publiques et de notre trajectoire de dette. Et donc de notre souveraineté.

C'est l'objet de ce plan.

Le moment historique est venu pour la mise en place d'un frein à l'endettement sur le modèle allemand ou suisse en France. Celui-ci se matérialiserait par une règle de dépense incitant les différents niveaux d'administrations publiques (État, opérateurs, collectivités territoriales, établissements publics locaux, administrations de sécurité sociale) à collaborer et contractualiser leurs relations pour faire en sorte que les dépenses publiques convergent progressivement vers le niveau des recettes publiques puis évoluent au même rythme, l'équilibre étant atteint.

L'objectif est de faire revenir la dette publique française au sens de Maastricht à 100 % du PIB dans un avenir proche : 2027 dans le scénario *moyen* après ajustement budgétaire ; entre 2034 et 2040 dans le scénario *dégradé* que nous avons défini plus haut.

Cela suppose d'isoler environ 265 milliards de « dette Covid » qui seraient placés dans une caisse d'amortissement à part (comme la CADES), débudgétisée hors service des intérêts et de faire baisser la dette grâce à un plan de réformes permettant de baisser les dépenses publiques.

Phase 1 / 2023-2027 : application du plan d'économies.

Phase 2 / 2027 : atteinte d'un niveau de dépenses identique au niveau des recettes publiques (vérifiée dans le scénario moyen, à compter de 2034 sans doute dans le plan dégradé).

Phase 3 / 2027 : reflux de la dette, mise en place d'un système de frein à l'endettement dans le scénario moyen (en 2030 pour le scénario dégradé).

Mesures d'économies du plan de désendettement (en milliards d'euros)

	2023	2024	2025	2026	2027
Mise en place de la réforme des retraites	– 11,92	– 9,50	– 11,82	– 17,18	– 16,48
Réforme de l'Assurance chômage	– 4	– 4,1	– 4,2	– 4,2	– 4,2
Reprise de la contractualisation avec les collectivités	– 3	– 6	– 9	– 12	– 15
Mise en place de l'ASU (allocation sociale unique)		– 3,50	– 3,50	– 3,50	– 3,80
Économie sur la masse salariale de l'État et des opérateurs (-59 206)	– 0,70	– 1,40	– 2,12	– 2,83	
Maîtrise des dépenses de fonctionnement courant de l'État	– 3,11	– 3,87	– 3,87		
Mise en concurrence des Caisses d'assurance maladie au 1er euro		– 2	– 2	– 2	– 2
Total des mesures d'économies identifiées (B) (Mds €)	**– 22,73**	**– 30,37**	**– 36,51**	**– 41,72**	**– 41,48**
Soldes économies demandés mesures prises C=B-A (Mds €)	**– 4,56**	**– 2,61**	**– 1,80**	**– 6,58**	**– 5,34**

Source : fondation iFRAP, octobre 2020.

Scénario moyen (dette évaluée à 117 % du PIB en 2027)
Impact sur la dette du plan de désendettement 2023-2027
Retour à 100 % de dette au sens de Maastricht en 2027
– juste en dessous des 3 000 milliards

	2019	**2020**	**2021**	**2022**	**2023**	**2024**	**2025**	**2026**	**2027**
PIB en volume en % de PIB	1,5	– 10,0	8,0	3,5	2,0	1,4	1,4	1,4	1,4
Déflateur de PIB en %	1,2	1,8	0,3	0,8	1,2	1,6	1,6	1,6	1,6
PIB en valeur en % de PIB	2,7	– 8,2	8,3	4,3	3,2	3	3	3	3
PIB en valeur en milliards d'euros	**2425,7**	**2223**	**2407,8**	**2511,3**	**2591,7**	**2669,4**	**2749,5**	**2832,0**	**2917,0**
PIB potentiel (en volume) en % de PIB	1,25	– 0,3	0,6	1,36	1,35	1,35	1,35	1,35	1,35
Solde public	**– 3,0**	**– 10,2**	**– 6,7**	**– 4,9**	**– 4,0**	**– 3,4**	**– 2,9**		
Dette publique	**98,1**	**117,5**	**116,2**	**116,8**	**117,5**	**117,8**	**117,4**		
Dette publique hors soutien à la zone euro	95,4	114,6	113,5	114,3	115,1	115,4	115,2		
Solde stabilisant (hors flux de créance)	– 2,6	8,9	– 9,0	*– 5,3*	*– 4,3*	*– 4,1*	*– 4,3*		
Écart au solde stabilisant	0,4	19,2	– 2,3	*– 0,4*	*– 0,3*	*– 0,7*	*– 1,4*		
Flux de créances	– 0,3	0,2	1,0	*1,0*	*1,0*	*1,0*	*1,0*		
Variation du ratio d'endettement	0,1	19,4	– 1,3	0,6	0,7	0,3	– 0,4		
Dépenses publiques hors CI	54,0	62,8	58,5	56,3	55,0	54,4	53,7		
Dépenses publiques totales	55,6	63,6	59,2	57,2	55,9	55,3	54,6		
Recettes publiques totales	52,6	53,4	52,5	52,3	51,9	51,9	51,7		
Total P.O y compris CI (France compétence)	45,6	46	44,7	*44,3*	*44,4*	*44,5*	*44,5*		

Source : fondation iFRAP octobre 2020, à partir de A.N. PLF 2021, et commission des finances, rapport t. 1, p. 194.

Trajectoire des finances publiques 2019-2027 avec plan de désendettement (scénario moyen)

	2019	2020	2021	2022	2023	2024	2025	2026	2027
Inflation	0,9	0,2	0,6	1	1,4	1,75	1,75	1,75	1,75
Dépenses totales en valeur	**1347,9**	**1414,0**	**1425,0**	**1436,5**	**1434,4**	**1452,3**	**1470,4**	**1488,8**	**1507,4**
Évolution en volume		4,7 %	0,2 %	– 0,2 %	– 1,5 %	– 0,5 %	– 0,5 %	– 0,5 %	– 0,5 %
Évolution en valeur		4,9 %	0,8 %	0,8 %	– 0,1 %	1,25	1,25	1,25	1,25
Dépenses publiques totales (% PIB)	**55,9**	**63,9**	**59,5**	**57,2**	**55,34**	**54,40**	**53,48**	**52,57**	**51,68**
Recettes publiques totales (% PIB)	**52,9**	**53,7**	**52,8**	**52,3**	**51,9**	**51,9**	**51,7**	**51,7**	**51,7**
Recettes publiques totales en valeur	**1283,2**	**1193,8**	**1271,3**	**1313,4**	**1345,1**	**1385,4**	**1421,5**	**1464,2**	**1508,1**
Total P.O. y.c. C.I. et France compétence	**45,6**	**46**	**44,7**	**44,3**	**44,4**	**44,5**	**44,5**	**44,5**	**44,5**
Solde public	– 3,0	– 10,2	– 6,7	– 4,9	– 3,4	– 2,5	– 1,8	– 0,9	0,0
Solde stabilisant hors flux de créance	– 2,6	8,9	– 9	– 5,3	– 4,3	– 4,1	– 4,3	– 4,3	– 4,3
Écart au solde stabilisant	0,4	19,2	– 2,3	– 0,4	– 0,9	– 1,6	– 2,5	– 3,4	– 4,3
Flux de créances	– 0,3	0,2	1	1	1	1	1	1	1
Dette publique en volume	**98,1**	**117,5**	**116,2**	**116,8**	**116,9**	**116,3**	**114,8**	**112,4**	**109,1**
Dette publique en valeur	**2379,6**	**2612,0**	**2797,9**	**2933,2**	**3030,9**	**3105,9**	**3157,3**	**3183,2**	**3181,8**
Isolement de la dette Covid et effet PIB				10,5	10,2	9,9	9,6	9,4	9,1
Fonds d'amortissement de la dette				0,2	0,2	0,1	0,1	0,1	0,1
Variation de la dette totale avec amortissement	98,1	117,5	116,2	116,6	116,8	116,2	114,7	112,3	108,9
Dette résiduelle maastrichienne	**98,1**	**117,5**	**116,2**	**106,3**	**106,7**	**106,4**	**105,2**	**103,0**	**100,0**
Dette résiduelle maastrichienne en valeur	2379,6	2612,0	2797,9	2668,4	2766,0	2841,1	2892,4	2918,4	2917,0

Source : fondation iFRAP, octobre 2020.

Trajectoire de désendettement 2022-2027
(scénario moyen)

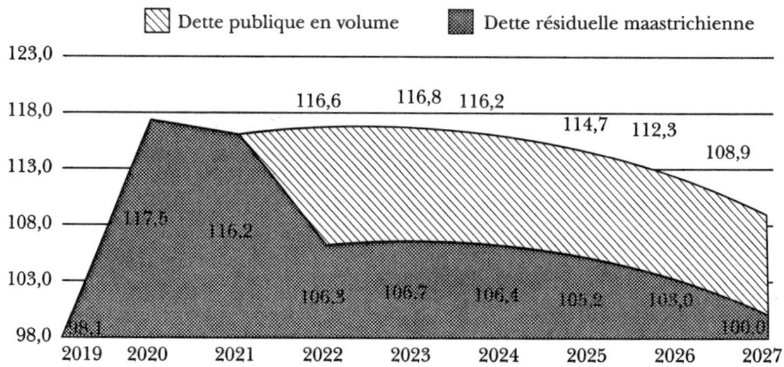

Source : fondation IFRAP, novembre 2020.

Scénario dégradé (dette à 124 % du PIB en 2027) :
Impact sur la dette du plan de désendettement 2023-2027 :
retour à 109 % de dette
– juste en dessous des 3 500 milliards de dette

	2019	2020	2021	2022	2023	2024	2025	2026	2027
Taux de croissance PIB volume (PR)	1,5	– 9,0	7,0	3,5	2,0	1,3	1,2	1,1	1,1
Taux de croissance du déflateur du PIB	1,2	1,8	0,3	0,8	1,2	1,3	1,4	1,5	1,5
Taux de croissance PIB valeur (avec PR)	2,7	– 7,2	7,3	4,3	3,2	2,6	2,6	2,6	2,6
PIB en valeur	2426	2251	2415	2519	2600	2667	2737	2808	2881
Dette publique (milliards d'euros)	2380	2612	2804	2968	3114	3244	3365	3472	3562
Solde public (en points de PIB)	– 3,0	– 10,3	– 7,9	– 6,5	– 5,6	– 4,9	– 4,4	– 3,8	– 3,1
Dette publique	**98**	**116**	**116**	**117,8**	**120**	**122**	**123**	**124**	**124**
Prélèvements obligatoires	45,6	46,0	44,6	44,5	44,6	44,8	45,0	45,8	46,0
Recettes publiques	52,6	52,4	51,0	51,1	51,0	51,2	51,5	52,2	52,4
Dépenses publiques	55,6	62,7	59,0	57,6	56,6	56,1	55,9	56,0	55,5

Source : fondation iFRAP, octobre 2020.

Trajectoire de cadrage 2023-2027 et effet du plan d'économies (scénario dégradé)					
	2023	2024	2025	2026	2027
Dette publique initiale avant ajustement	120	122	123	124	124
Dette publique initiale en valeur	3114	3244	3365	3472	3562
Dette publique après programme d'économies	**119,1**	**119,9**	**120,0**	**119,5**	**118,3**
Dette publique après économies en valeur	**3095,9**	**3199,2**	**3284,9**	**3356,4**	**3409,6**
Dette publique hors dette Covid	**109,0**	**110,0**	**110,4**	**110,1**	**109,2**
Dette publique hors dette Covid en valeur	**2835,0**	**2934,4**	**3020,1**	**3091,6**	**3144,8**
Dépenses publiques avec programmation initiale	56,6	56,1	55,9	56,0	55,5
Dépenses publiques après économies	**55,9**	**55,1**	**54,6**	**54,7**	**54,2**
Niveau des prélèvements obligatoires	51,0	51,2	51,5	52,2	52,4
Solde public initial	– 5,6	– 4,9	– 4,4	– 3,8	– 3,1
Solde public après économies en dépenses	**– 4,9**	**– 3,9**	**– 3,1**	**– 2,5**	**– 1,8**

Source : fondation iFRAP octobre 2020. N.B. : La présence d'arrondis interdit toute addition ou soustraction ligne à ligne.

Évolution de la dette publique (scénario dégradé % du PIB)

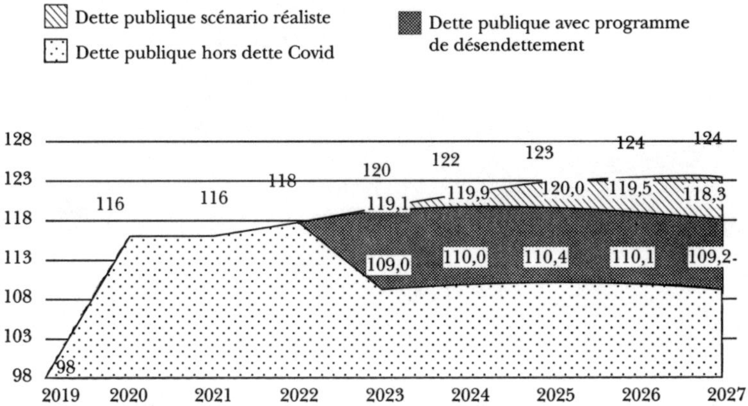

Dans ce scénario un peu dégradé, la dette publique serait toujours de 109 % du PIB malgré le plan d'économies. Un niveau **non suffisant pour qualifier les finances publiques françaises pour la mise en place d'un frein à l'endettement à compter de 2027**.

Le tableau permet de comprendre la dynamique et l'impossibilité dans ce scénario dégradé de faire converger dépenses et recettes à l'horizon 2027. On assiste plutôt ici à une stabilisation du niveau de dette par rapport au PIB, sans réelle baisse de la dette. La phase de réel désendettement ne pourrait intervenir au mieux qu'à compter de 2030, lorsque les recettes et les dépenses convergeraient véritablement, permettant la mise en place du frein à l'endettement. Un retour à une situation en dessous de 100 % du PIB ne pouvant intervenir avant 2035-2040 au mieux (hors dette Covid à amortir) si aucun choc exogène n'intervenait entre-temps.

Chapitre 1

Le vrai secret : l'Agence France Trésor a notre avenir en main

Évolution des déficits et de la dette publique brute sous les mandats de Nicolas Sarkozy, de François Hollande et d'Emmanuel Macron (en milliards d'euros)

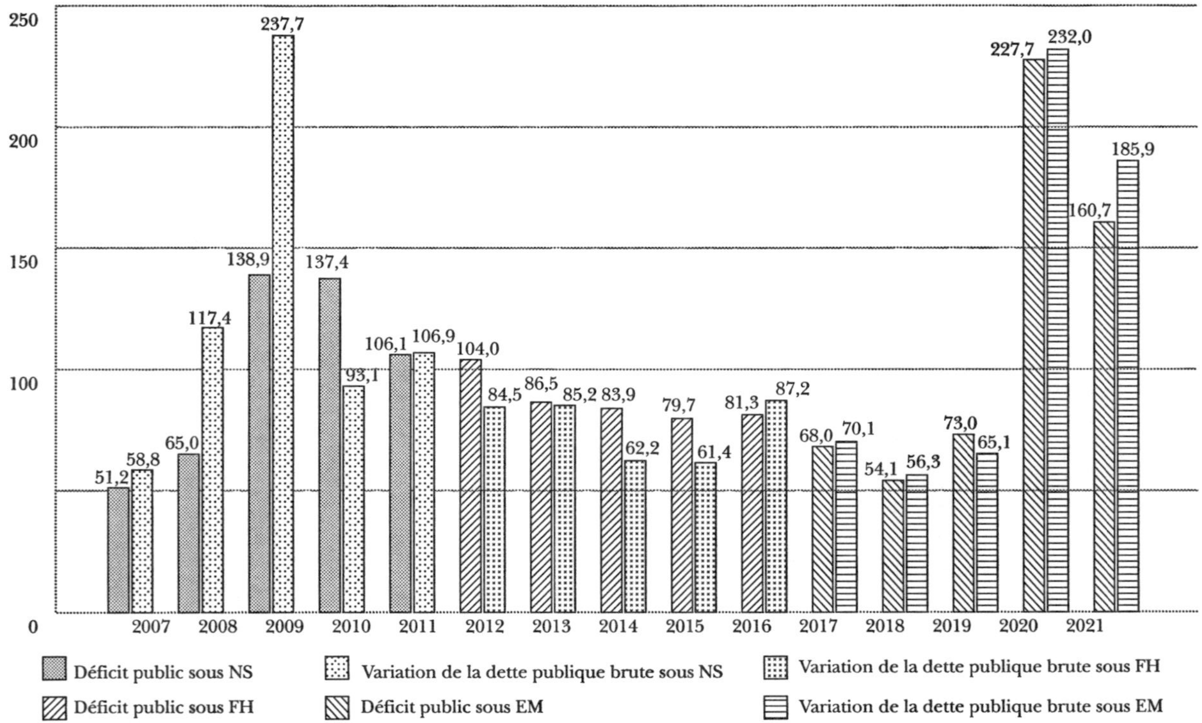

Source : INSEE.

Évolution de la dette publique brute en valeur (en milliards d'euros et en % du PIB)

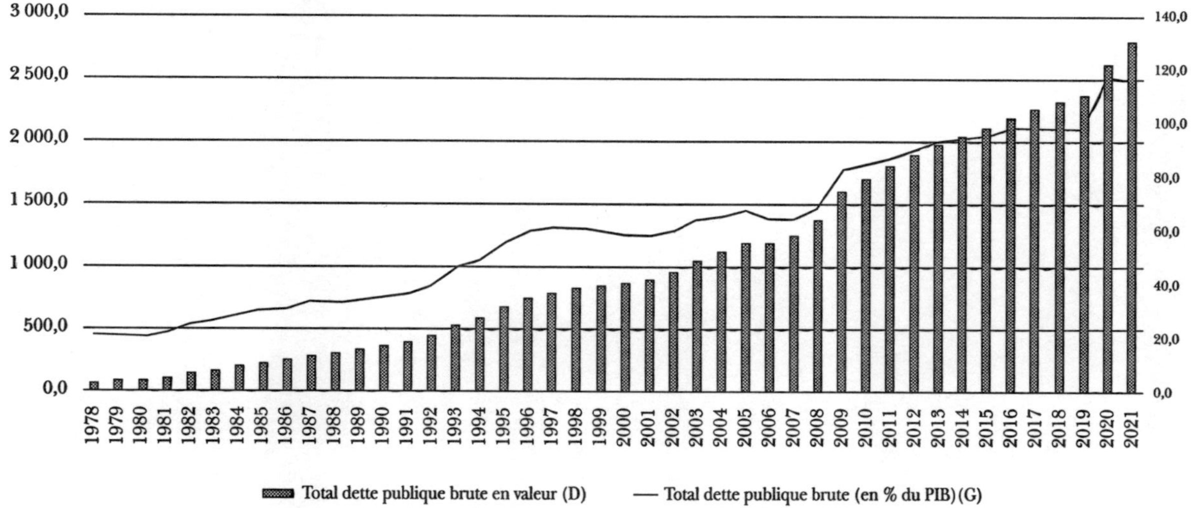

Source : INSEE.

Chapitre 2

La BCE, la fuite en avant

Montants mobilisés par l'UE
depuis le déclenchement de la crise de la Covid-19

Package avril 2020 (SURE + MES + BEI)	540 milliards d'euros
Banque Centrale européenne – rachats de dettes souveraines	1350 milliards d'euros
Plan de relance "Next Generation EU"	750 milliards d'euros

Source : Commission européenne.

Comparaison des émissions et des remboursements de dettes, toutes maturités, entre différents pays de la zone euro, de 2015 à 2020

La France comme tous les autres pays européens et a fortiori ceux de la zone euro vont augmenter en même temps leurs émissions annuelles de dette pour faire face au financement de leurs dépenses exceptionnelles (en fonction des plans d'urgence et des plans de relance) et conjoncturelles (suite à la relance contracyclique et au jeu des stabilisateurs automatiques). Nous présentons dans les deux tableaux suivants les chiffres colligés par la BCE en la matière.

France	2015	2016	2017	2018	2019	2020 – sept	% du PIB	%zone EU
Emissions	793,8	766,0	730,9	744,3	751,2	843,2	37,3%	30,7%
Remboursements	729,8	730,3	677,8	695,6	704,4	562,6	24,9%	32,5%
Solde	64,0	35,7	53,1	48,7	46,8	280,6	12,4%	27,6%
Proportion/zone euro	62,4%	26,2%	44,4%	50,8%	62,2%	27,6%		

Italie	2015	2016	2017	2018	2019	2020 – sept	% du PIB	%zone EU
Emissions	430,7	416,9	432,4	392,8	423,4	450,4	27,6%	16,4%
Remboursements	409,7	367,2	394,7	363,1	369,4	281,2	17,2%	16,3%
Solde	21,0	49,7	37,7	29,7	54,0	169,2	10,4%	16,6%
Proportion/zone euro	20,5%	36,5%	31,6%	31,0%	71,9%	16,6%		

Espagne	2015	2016	2017	2018	2019	2020 – sept	% du PIB	%zone EU
Emissions	250,5	230,4	242,0	220,0	196,0	255,0	23,2%	9,3%
Remboursements	210,5	203,0	196,0	181,2	190,2	136,0	12,4%	7,9%
Solde	40,0	27,4	46,0	38,8	5,8	119,0	10,8%	11,7%
Proportion/zone euro	39,0%	20,1%	38,5%	40,5%	7,8%	11,7%		

Allemagne	2015	2016	2017	2018	2019	2020 – sept	% du PIB	%zone EU
Emissions	437,1	446,9	368,5	340,8	394,9	609,7	18,2%	22,2%
Remboursements	454,5	456,6	393,5	369,5	404,5	358,0	10,7%	20,7%
Solde	– 17,4	– 9,8	– 25,1	– 28,7	– 9,6	251,7	7,5%	24,7%
Proportion/zone euro	– 17%	– 7%	– 21%	– 30%	– 13%	25%		

Pays-Bas	2015	2016	2017	2018	2019	2020 – sept	% du PIB	%zone EU
Emissions	123,6	85,7	99,2	102,6	75,4	158,2	20,2%	5,8%
Remboursements	133,0	100,4	110,0	114,0	102,0	106,6	13,6%	6,2%
Solde	– 9,4	– 14,6	– 10,8	– 11,5	– 26,6	51,6	6,6%	5,1%
Proportion/zone euro	– 9,2%	– 10,7%	– 9,0%	– 12,0%	– 35,4%	5,1%		

Zone euro	2015	2016	2017	2018	2019	2020 – sept	% du PIB	
Emissions	2 386,3	2 293,3	2 264,6	2 131,4	2 161,0	2 746,5	24,5%	
Remboursements	2 283,6	2 157,1	2 145,2	2 035,6	2 085,9	1 729,3	15,4%	
Solde	102,7	136,2	119,5	95,8	75,1	1 017,2	9,1%	

*Sources : BCE, 2020. **Note de lecture : il s'agit des données brutes, toutes maturités, non consolidées. Au 31 septembre 2020, la France a émis pour 843,2 milliards d'euros et remboursé pour 562,6 milliards, dégageant une dette supplémentaire de 280,6 milliards d'euros représentant 27,6 % de l'accroissement de dette de la zone euro (1 017,2 milliards d'euros). À cette date, l'Allemagne augmentait sa dette de 251,7 milliards d'euros représentant 25 % de l'augmentation de l'endettement total de la zone.***

Répartition des subventions (hors prêts) du plan de relance Next Generation EU
à partir de 2021, en milliards d'euros

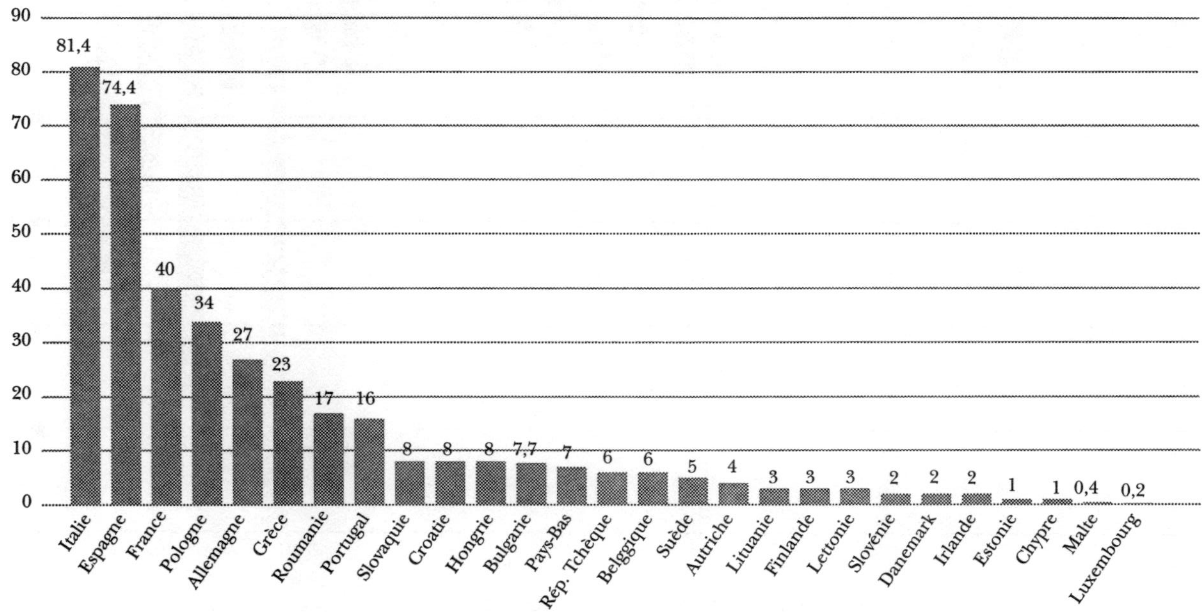

Sources : annonces des gouvernements, Le Figaro, *et calculs de la fondation iFRAP, juillet 2020.*

Combien les États vont payer potentiellement pour ce plan de relance
(au maximum et en milliards d'euros)
substituable en tout ou partie par des ressources propres
supplémentaires (taxes spécifiques)

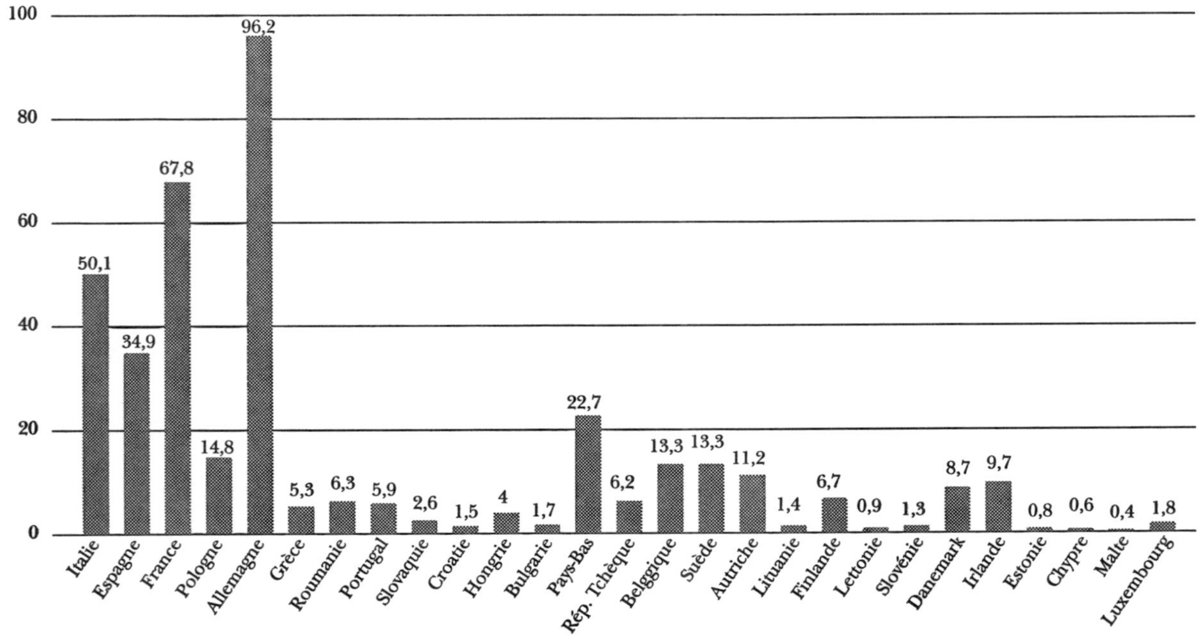

Source: annonces des gouvernements, Le Figaro, *et calculs fondation iFRAP, juillet 2020.*

Chapitre 4

Riche au-dessus de 3 470 euros par mois ?

Répartition des impôts directs sur les ménages par décile de revenu fiscal de référence (RFR)

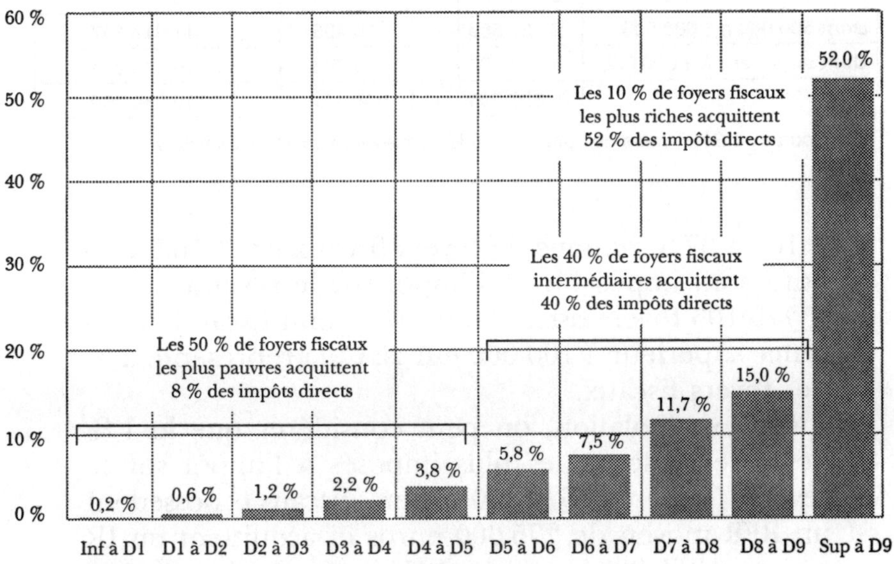

Source : https://www.ifrap.org/budget-et-fiscalite/impots-directs-sur-les-menages-lenvolee.

Les 1 % : 15 % des revenus mais plus de 30 %
de la recette d'impôt sur le revenu...

Revenu fiscal de référence par tranche (en euros)	Impôt net (total)	Nombre de foyers fiscaux imposables	Revenu fiscal de référence des foyers fiscaux imposables
0 à 10 000	– 125 682	66 586	294 858
10 001 à 12 000	– 51 683	6 099	66 659
12 001 à 15 000	– 97 825	202 105	2 988 786
15 001 à 20 000	1 449 604	3 149 449	54 771 310
20 001 à 30 000	5 755 601	4 000 004	98 480 197
30 001 à 50 000	13 077 906	5 176 670	201 110 341
50 001 à 100 000	21 258 759	3 198 523	211 012 181
Plus de 100 000	29 060 319	749 105	142 205 926
Dont 100 000 à 200 000	13 224 942	596 151	78 301 452
Dont 200 000 à 500 000	8 800 029	129 683	36 540 484
Dont 500 000 à 1 000 000	3 029 559	16 495	11 017 137
Dont supérieur à 1 000 000	4 005 789	6 776	16 346 854
	70 326 999	**16 548 541**	**710 930 260**

Source : DGFiP, base de données sur les prélèvements des particuliers.

Il y a 37,9 millions de foyers fiscaux dont 16,5 millions sont imposables à l'impôt sur le revenu.

749 105 foyers fiscaux ont un revenu fiscal de référence supérieur à 100 000 euros. Cela représente 2 % des foyers fiscaux.

Par extrapolation, on peut considérer que le 1 % des foyers fiscaux les plus imposés à l'impôt sur le revenu (environ 379 000 foyers fiscaux) possèdent un RFR moyen de 275 000 euros et acquittent un IR moyen de 65 000 euros. Ce 1 % des foyers fiscaux avec les revenus les plus élevés possède un RFR de 104 milliards d'euros, soit 15 % du RFR des foyers imposables à l'IR. Ce 1 % des foyers fiscaux les plus riches acquitte environ 24 milliards d'euros, c'est-à-dire près de 33 % du montant de l'impôt sur le revenu.

Chapitre 5

Combien de milliards sous le tapis ?

Évolution des engagements hors bilan de l'État ces quinze dernières années

(en millions d'euros)

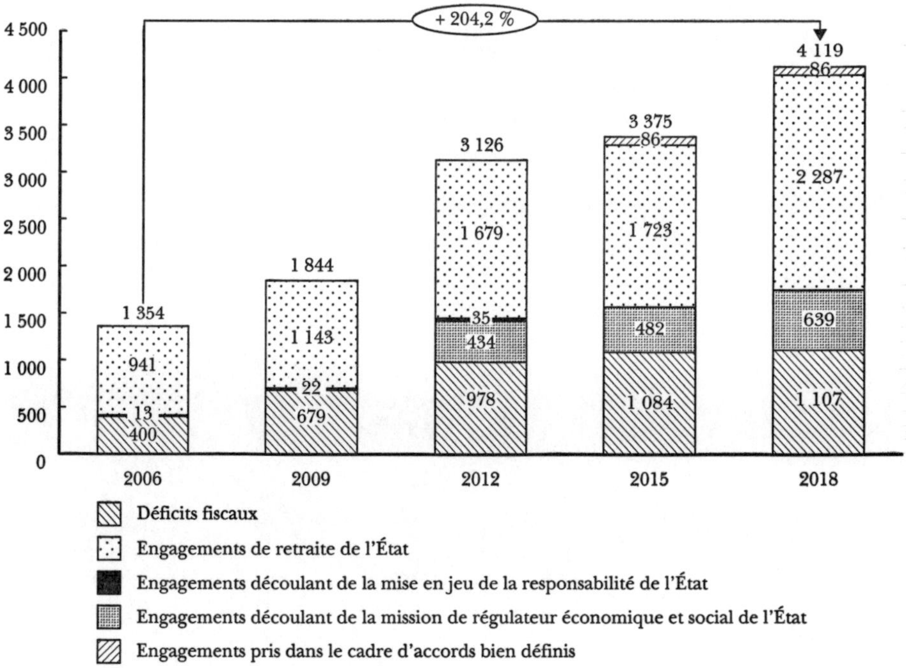

Source : commission des finances du Sénat, d'après le compte général de l'État et la Cour des comptes.

Chapitre 6

L'enfer fiscal et sa litanie des 483 taxes

Nombre de prélèvements obligatoires en France	483	
dont	Impôts	214
	Taxes	159
	Cotisations	110
dont	Cotisations employeurs	28
	Cotisations salariales	19
	Cotisations non-salariés et inactifs	10
	Majorations et pénalités	18
	Contributions sociales	35
dont	Contributions employeurs	11
	Contributions salariales	24

Source : fondation iFRAP.

Chapitre 7

Le prix à payer de la relance

Mesures de soutien votées PLFR 1,2,3 et 4 - 2020	Mesures avec effet direct sur le solde public	Mesures de trésorerie sans effet direct sur le solde public	Mesures de garantie	Total
Montants (milliards)	85,5	76,5	327,5	**489,5**
En % du PIB	3,9	3,5	14,9	**22,2**

Source : RESF 2021, p. 16-18.

MONTÉE EN CHARGE DU PLAN DE SOUTIEN BUDGÉTAIRE
dans les quatre lois de finances rectificatives pour 2020
Mesures ayant un impact sur le solde public
(en milliards d'euros)

Nature du soutien	Coût LFR 1	Coût LFR 2	Coût LFR 3	Coût LFR 4
Activité partielle	8,5	24,0	31,0	3,4
Dépenses de santé exceptionnelles	2,0	8,0	10	10,8
Fonds de solidarité pour les entreprises *	**1,1**	6,8	8,5	19,4
Exonération de cotisations sociales **	–	–	5	8,2
Aide aux ménages les plus fragiles	–	–	**1**	**2**
Prime pour les indépendants	–	–	**1**	**0,9**

Nature du soutien	Coût LFR 1	Coût LFR 2	Coût LFR 3	Coût LFR 4
Autres ouvertures de crédits	–	1,5	5,5	6,1
Décalage de la réforme de l'assurance chômage	–	0,5	1,5	1,6
Avances remboursables pour soutenir les PME	–	–	0,5	0,5
Crédits pour masques non chirurgicaux	–	–	0,5	0,6
Remboursement anticipé des créances de carry-back	–	–	0,5	0,4
Total	**11,5**	**40,8**	**65**	**85,5**
Évolution par rapport à la loi de finances précédente	**+ 11,5**	**+ 29,3**	**+ 24,2**	**+ 20,9**

Sources : RESF, 2021 ; Laurent Saint-Martin, rapport sur le quatrième projet de loi de finances rectificative pour 2020, novembre 2020, n° 3531.

Chapitre 8

Le mur de la dette

Dette de moyen-long terme arrivée à l'échéance par année

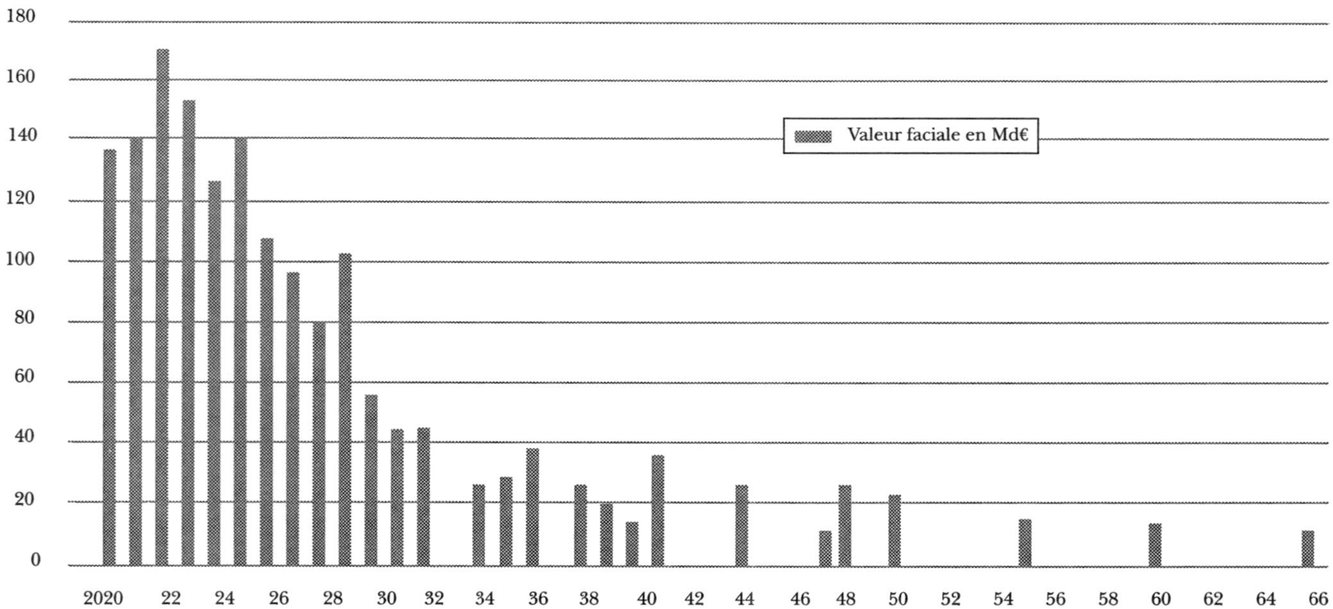

N.B. : Les calculs sont fondés sur la dette de moyen-terme et excluent les encours de BTF pour l'année 2020.
Sources : Cour des comptes à partir de données de l'Agence France Trésor ; PLF 2021, calculs fondation iFRAP, septembre 2020.

Chapitre 9

La drogue dure des déficits

Le déficit public depuis 1974

Année	**1974**	**1975**	**1976**	**1977**	**1978**	**1979**	**1980**	**1981**	**1982**	**1983**	**1984**
Solde	+ 0,1	– 2,9	– 1,6	– 1,1	– 1,8	– 0,5	– 0,4	– 2,4	– 2,8	– 2,5	– 2,7
Année	**1985**	**1986**	**1987**	**1988**	**1989**	**1990**	**1991**	**1992**	**1993**	**1994**	**1995**
Solde	– 3,0	– 3,2	– 2,0	– 2,6	– 1,8	– 2,4	– 2,9	– 4,6	– 6,4	– 5,4	– 5,1
Année	**1996**	**1997**	**1998**	**1999**	**2000**	**2001**	**2002**	**2003**	**2004**	**2005**	**2006**
Solde	– 3,9	– 3,7	– 2,4	– 1,6	– 1,3	– 1,4	– 3,2	– 4,0	– 3,6	– 3,4	– 2,4
Année	**2007**	**2008**	**2009**	**2010**	**2011**	**2012**	**2013**	**2014**	**2015**	**2016**	**2017**
Solde	– 2,6	– 3,3	– 7,2	– 6,9	– 5,2	– 5,0	– 4,1	– 3,9	– 3,6	– 3,5	– 2,7
Année	**2018**	**2019**	**2020***	**2021***							
Solde	– 2,5	– 3,0	– 10,2	– 6,7							

(en % du PIB)

(en grisé les déficits supérieurs à 3 % du PIB)

*** prévisions du projet de loi de finances.**

Source : Insee, base 2014 et prévisions du projet de loi de finances.

Dette de fonctionnement et dette d'investissement

	1995		**2019**		**1995-2019**	**1998-2019**
	Nominal	en % de PIB	Nominal	en % de PIB	**cumulat**	**en % du total**
Niveau d'endettement ou accroissement	696,2	56,1	2380,1	98,1	1683,9	100
dont participation du déficit (année ou cumulé)	62,2	5,1	73,0	3,0	1 601,8	95,13
dont lié au fonctionnement	46,2	3,8	17,3	0,7	*912,0*	*54,16*
dont lié à l'investissement	16,1	1,3	55,7	2,3	*689,8*	*40,97*
dont effet stock-flux (année ou cumulé)	– 1,9	– 0,2	– 7,59	– 0,3	82,1	4,87

Sources : INSEE, calculs fondation iFRAP 2020, Diagnostic & System 2020.

Chapitre 10

Nos entreprises sont en danger

Combien d'impôts et de cotisation en moins si nous avions la structure de prélèvements de... (y compris crédits d'impôts)

Prélèvements obligatoires entreprises France	*402,1*	*405,9*	*409,2*	*429,4*
En milliards d'euros	**2014**	**2015**	**2016**	**2017**
Zone euro (19 pays)				
Impôts sur le revenu des sociétés, y compris les gains de détention	– 5.3	– 4,0	0,3	– 4,6
Cotisations sociales effectives à la charge des employeurs	– 74,1	– 74,4	– 74,9	– 78,2
Autres impôts sur la production	– 46,6	– 48,0	– 52,4	– 53,8
Prélèvements obligatoires entreprises	**– 126,0**	**– 126,4**	**– 127,0**	**– 136,6**
Allemagne				
Impôts sur le revenu des sociétés, y compris les gains de détention	– 6,2	– 6,3	1,8	– 4,1
Cotisations sociales effectives à la charge des employeurs	– 105,8	– 103,7	– 103,1	– 106,1
Autres impôts sur la production	– 83,9	– 85,0	– 86,4	– 89,1
Prélèvements obligatoires entreprises	**– 195,9**	**– 195,0**	**– 187,7**	**– 199,3**

Source : étude « Fiscalité des entreprises : l'implacable diagnostic », fondation iFRAP, septembre 2019.

Combien d'impôts et de cotisation en moins si nous avions la structure de prélèvements de... (hors crédits d'impôts)

En milliards d'euros	**2014**	**2015**	**2016**	**2017**
Zone euro (19 pays)				
Impôts sur le revenu des sociétés, y compris les gains de détention	15,7	22,9	27,4	26,9
Cotisations sociales effectives à la charge des employeurs	– 74,1	– 74,4	– 74,9	– 78,2
Autres impôts sur la production	– 46,6	– 48,0	– 52,4	– 53,8
Prélèvements obligatoires entreprises	**– 105,0**	**– 99,4**	**– 99,9**	**– 105,1**
Allemagne				
Impôts sur le revenu des sociétés, y compris les gains de détention	14,8	20,6	28,9	27,4
Cotisations sociales effectives à la charge des employeurs	– 105,8	– 103,7	– 103,1	– 106,1
Autres impôts sur la production	– 83,9	– 85,0	– 86,4	– 89,1
Prélèvements obligatoires entreprises	**– 174,9**	**– 168,0**	**– 160,6**	**– 167,8**

Source : Eurostat et fondation iFRAP.

Ratio dette des entreprises sur excédent brut d'exploitation		
	2017	2018
France	6,619	6,711
Allemagne	3,07	3,265

N.B. : en 2018, la dette des entreprises françaises était 6,711 fois supérieure à son excédent brut d'exploitation annuel.
Source : OCDE (2020), ratio dette/excédent des sociétés non financières (indicateur).

Taux d'endettement des entreprises

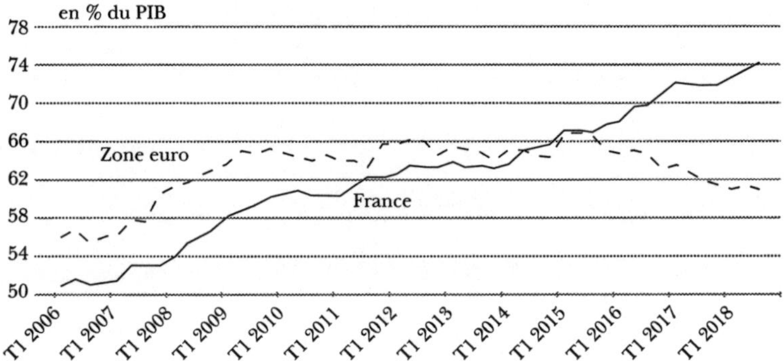

Source : Banque de France.

Chapitre 11

Comment font les autres ?

Évolution de la dette publique par pays

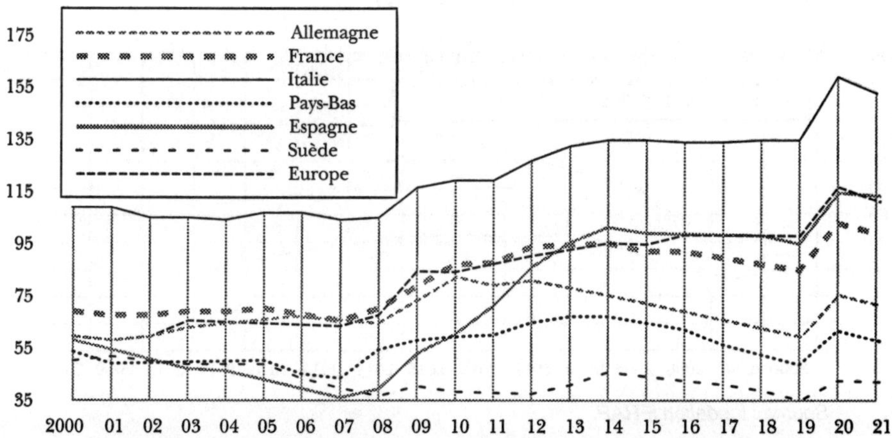

Source : Ameco database, mai 2020.

Poids de la dette publique
(en % du PIB)

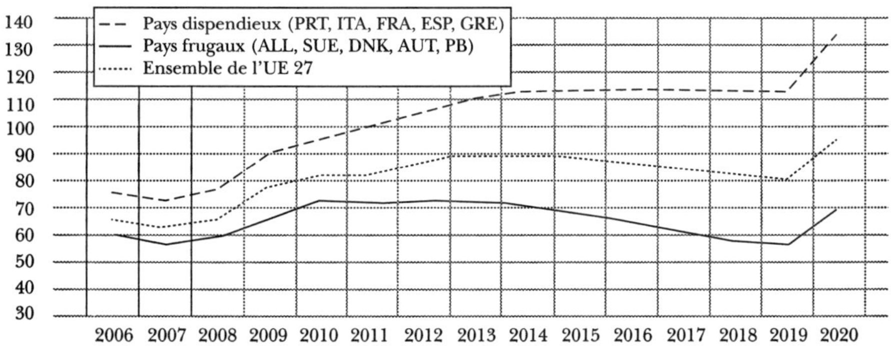

Source : fondation iFRAP.

Chapitre 13

84 milliards d'euros de trop

Coût total de production des administrations publiques (en % du PIB)		
	2007	2018
SWE	28,3	30,0
FIN	26,5	29,2
DNK	27,8	28,1
NOR	22,0	27,2
NLD	26,7	27,3
FRA	25,9	27,1
BEL	23,9	26,3
HUN	23,9	22,7
SVK	20,2	23,6
AUT	22,7	23,4
GRC	23,4	21,9
DEU	20,4	23,0
CZE	22,6	23,0
SVN	20,2	21,7
ITA	20,8	21,2
GBR	21,8	20,8
PRT	22,9	20,6
ESP	19,5	20,5
POL	20,9	20,0

Coût total de production des administrations publiques (en % du PIB)		
	2007	**2018**
IRL	18,8	13,7
Moyenne	*23,0*	*23,6*
Différence entre la moyenne et la France	3,0	3,6
Surcoût de la suradministration française en euros	56 Mds	84 Mds

Source : OCDE, 2019.

Évolution 2010-2018 en millions d'heures travaillées
(ensemble des actifs)

	2010	2011	2012	2013	2014	2015	2016	2017	2018	Évolution
Belgique	6 916	7 073	7 105	7 074	7 092	7 117	7 207	7 317	7 430	7 %
Allemagne	58 524	59 279	59 162	59 140	59 827	60 405	60 888	61 564	62 344	7 %
Espagne	33 591	32 788	31 204	30 250	30 569	31 527	32 372	32 977	33 900	1 %
France	**41 338**	**41 825**	**41 820**	**41 499**	**41 496**	**41 620**	**41 959**	**41 912**	**42 043**	**2 %**
Italie	44 015	44 052	42 946	41 823	41 794	42 087	42 742	43 173	43 642	-1 %
Pays-Bas	12 463	12 576	12 465	12 355	12 438	12 559	12 854	13 115	13 408	8 %
Autriche	6 827	6 957	6 929	6 887	6 908	6 879	7 022	7 137	7 256	6 %
Suède	7 355	7 499	7 489	7 516	7 624	7 740	7 944	8 062	8 232	12 %
Royaume-Uni	47 645	48 275	49 233	50 114	51 507	51 854	53 095	53 568	54 029	13 %

Source : Eurostat.

Chapitre 15

L'État numérique inexistant

Le Digital Economy on Society Index (DESI), soit l'indice relatif à l'économie et à la société numériques, suit les performances numériques des États.

	France		UE
	classement	note	note
DESI 2019	**15**	**51**	**52,5**
DESI 2018	16	47,7	49,8
DESI 2017	14	45,6	46,9

Source : Commission européenne.

Classement 2019 de l'indice relatif à l'économie et à la société numériques (DESI)

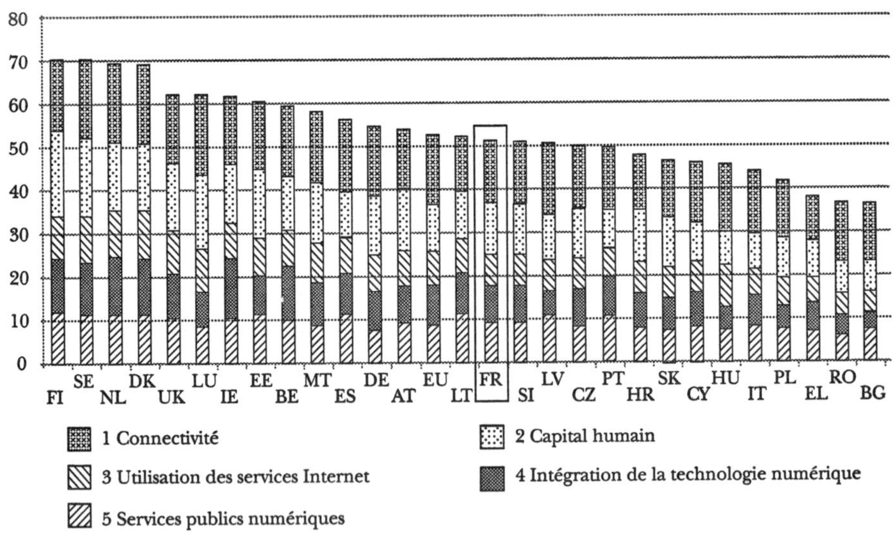

Source : Commission européenne.

Chapitre 17

Baisser enfin les impôts et les dépenses

Plan de baisse de 40 milliards d'impôts

	2020	2021	2022	2023	2024
1/ Report de charges sur 5 ans	**– 15,7**				
Report de charges fiscales	– 4,4	–			
Report de charges sociales	– 11,3				
Baisse d'IS	**– 0,5**	**– 5,0**	**– 5,0**	**– 4,0**	**– 4,0**
Mesure « carry-back » (baisse d'IS)		– 4,0	– 4,0	– 3,0	– 3,0
Suramortissement (baisse d'IS)	– 0,5	– 1,0	– 1,0	– 1,0	– 1,0
2/ Baisse de fiscalité de production	**– 5,8**	**– 13,2**	**– 20,3**	**– 23,8**	**– 27,4**
Suppression C3S	– 3,8	– 3,8	– 3,8	– 3,8	– 3,8
Plafonnement CET (CVAE+CFE)	– 2	– 1,5	– 0,7	– 0,3	0
Suppression progressive CFE		– 4,0	– 7,9	– 7,9	– 7,9
Allègement CVAE		– 3,9	– 7,9	– 11,8	– 15,7

	2020	2021	2022	2023	2024
3/ Baisse de cotisations et allègement forfait social		**– 6,25**	**– 10**	**– 10**	**– 10**
Baisse de CSE sur les travailleurs qualifiés		– 3,75	– 7,5	– 7,5	– 7,5
Allègement du forfait social		– 2,5	– 2,5	– 2,5	– 2,5
Total scénario	**– 22,0**	**– 24,4**	**– 35,3**	**– 37,8**	**– 41,4**

Source : fondation iFRAP.

Créations d'emplois liées aux baisses d'impôts (en milliers)

	2020	2021	2022	2023	2024
Emploi (en milliers)	26 021	26 309	26 790	27 167	27 435
Emploi marchand (en milliers)	18 539	18 838	19 330	19 707	19 975
Taux de croissance emploi marchand (en %)	– 6,2	1,6	2,6	2,0	1,4
Taux de chômage	11,9	11,2	10,0	9,1	8,5
Écart d'emploi par rapport au compte de référence (en milliers)	**+ 93**	**+ 166**	**+ 267**	**+ 344**	**+ 425**

Source : fondation iFRAP.

Chapitre 20

Désendetter la France, c'est possible !

Comparaison des coûts et dépenses de l'administration publique en France et en Allemagne (2017)

Dépenses des administrations publiques en pourcentage du PIB (2017)				
Fonctions	Services publics généraux	Santé	Éducation	Protection sociale
France	6	8	5,4	24,3
Allemagne	5,6	7,1	4,1	19,4
Total des dépenses avec l'ensemble des fonctions (non représentées dans ce tableau)	**France : 56,46 %**	**Allemagne : 43,93 %**		

Source : Panorama des administrations publiques 2019, OCDE.

Ventilation des dépenses des administrations publiques par opération économique (2017) en pourcentage des dépenses publiques

Opérations économiques	Rémunération des personnels	Prestations sociales
France	22,5	45,6
Allemagne	17,1	54,5

Source : Panorama des administrations publiques 2019, OCDE.

Coût de production en pourcentage du PIB (2017)

Fonctions	Traitement des fonctionnaires	Coût des biens et services financés par l'État	Autres coûts de production
France	12,7	11,1	3,6
Allemagne	7,5	13,3	2,2

Source : Panorama des administrations publiques 2019, OCDE.

Dépenses d'externalisation des administrations publiques en pourcentage du PIB (2017)

Fonctions	Biens et services utilisés par les administrations publiques	Biens et services financés par les administrations publiques
France	5	6,1
Allemagne	4,8	8,5

Source : Panorama des administrations publiques 2019, OCDE.

Remerciements

Toute ma gratitude va d'abord à Francis (Esménard) pour son soutien et son amitié.

Un immense merci ensuite à mon cher Alexandre (Wickham) pour sa confiance sans faille.

Ce livre doit aussi beaucoup aux fidèles Manon Meistermann, Sandrine Gorreri, Samuel-Frédéric Servière, Philippe François, Pierrette François-Morin et Monique Olivet.

Ma reconnaissance va toujours à Daniel Arnoux, Olivier Allez, Olivier Tardy, Hugues Tourel, Cédric de Lestrange, Gilles Koleda et à toute l'équipe de la Fondation iFRAP.

Merci à mon époux et à mes filles qui m'ont soutenue au cours des longs mois de rédaction.

Merci aussi à tous ceux que je ne peux pas citer, car ils sont fonctionnaires, mais sans qui ce livre n'existerait pas.

Table

TROISIÈME PARTIE
CE QUI NOUS PLOMBE

QUATRIÈME PARTIE
SAUVONS L'ÉTAT MALGRÉ LUI

DU MÊME AUTEUR

La mondialisation va-t-elle… nous tuer ?
JC Lattès, 2008

Les Fonctionnaires contre l'État
Albin Michel, 2011

60 milliards d'économies !
Albin Michel, 2013

On va dans le mur…
Albin Michel, 2015

Ce que doit faire le (prochain) président
Albin Michel, 2015

En marche vers l'immobilisme.
Vingt réformes lancées, oui mais…
Albin Michel, 2018

Composition Nord Compo
Impression CPI Bussière en décembre 2020
Éditions Albin Michel
22, rue Huyghens, 75014 Paris
www.albin-michel.fr
ISBN : 978-2-226-44843-9
N° d'édition : 23865/01 – N° d'impression : 2052031
Dépôt légal : janvier 2021
Imprimé en France